Einstern

Mathematik für Grundschulkinder

2

Themenheft 4

⭐ Addition und Subtraktion
⭐ Sachaufgaben Teil 4
⭐ Geometrie Teil 3 – Körper

Erarbeitet von Roland Bauer und Jutta Maurach

In Zusammenarbeit mit der
Cornelsen Redaktion Grundschule

Cornelsen

Einstern 2

Mathematik für Grundschulkinder
Themenheft 4
Addition und Subtraktion
Sachaufgaben Teil 4
Geometrie Teil 3 – Körper

Erarbeitet von:	Roland Bauer, Jutta Maurach
Fachliche Beratung:	Prof'in Dr. Silvia Wessolowski
Fachliche Beratung exekutive Funktionen:	Dr. Sabine Kubesch, INSTITUT BILDUNG plus, im Auftrag des ZNL TransferZentrum für Neurowissenschaften und Lernen, Ulm
Redaktion:	Uwe Kugenbuch, Peter Groß, Friederike Thomas
Illustration:	Yo Rühmer
Umschlaggestaltung:	Cornelia Gründer, agentur corngreen, Leipzig
Layout und technische Umsetzung:	lernsatz.de

fex steht für *Förderung exekutiver Funktionen*. Hierbei werden neueste Erkenntnisse der kognitiven Neurowissenschaft zum spielerischen Training exekutiver Funktionen für die Praxis nutzbar gemacht. **fex** wurde vom **ZNL TransferZentrum für Neurowissenschaften und Lernen** (*www.znl-ulm.de*) an der Universität Ulm gemeinsam mit der **Wehrfritz GmbH** (*www.wehrfritz.com*) ins Leben gerufen. Der Cornelsen Verlag hat in Kooperation mit dem ZNL ein Konzept für die Förderung exekutiver Funktionen im Unterrichtswerk *Einstern* entwickelt.

www.cornelsen.de

1. Auflage, 3. Druck 2019

Alle Drucke dieser Auflage sind inhaltlich unverändert
und können im Unterricht nebeneinander verwendet werden.

© 2015 Cornelsen Schulverlage GmbH, Berlin
© 2019 Cornelsen Verlag GmbH, Berlin

ISBN 978-3-06-083688-8
ISBN 978-3-06-081806-8 (E-Book)
ISBN 978-3-06-084229-2 (E-Book: alle Themenhefte Einstern 2)

 Inhalt gedruckt auf säurefreiem Papier aus nachhaltiger Forstwirtschaft.

Inhaltsverzeichnis

Ich bin
Einstern …

… und ich helfe dir:

rechnen   denken   erkennen

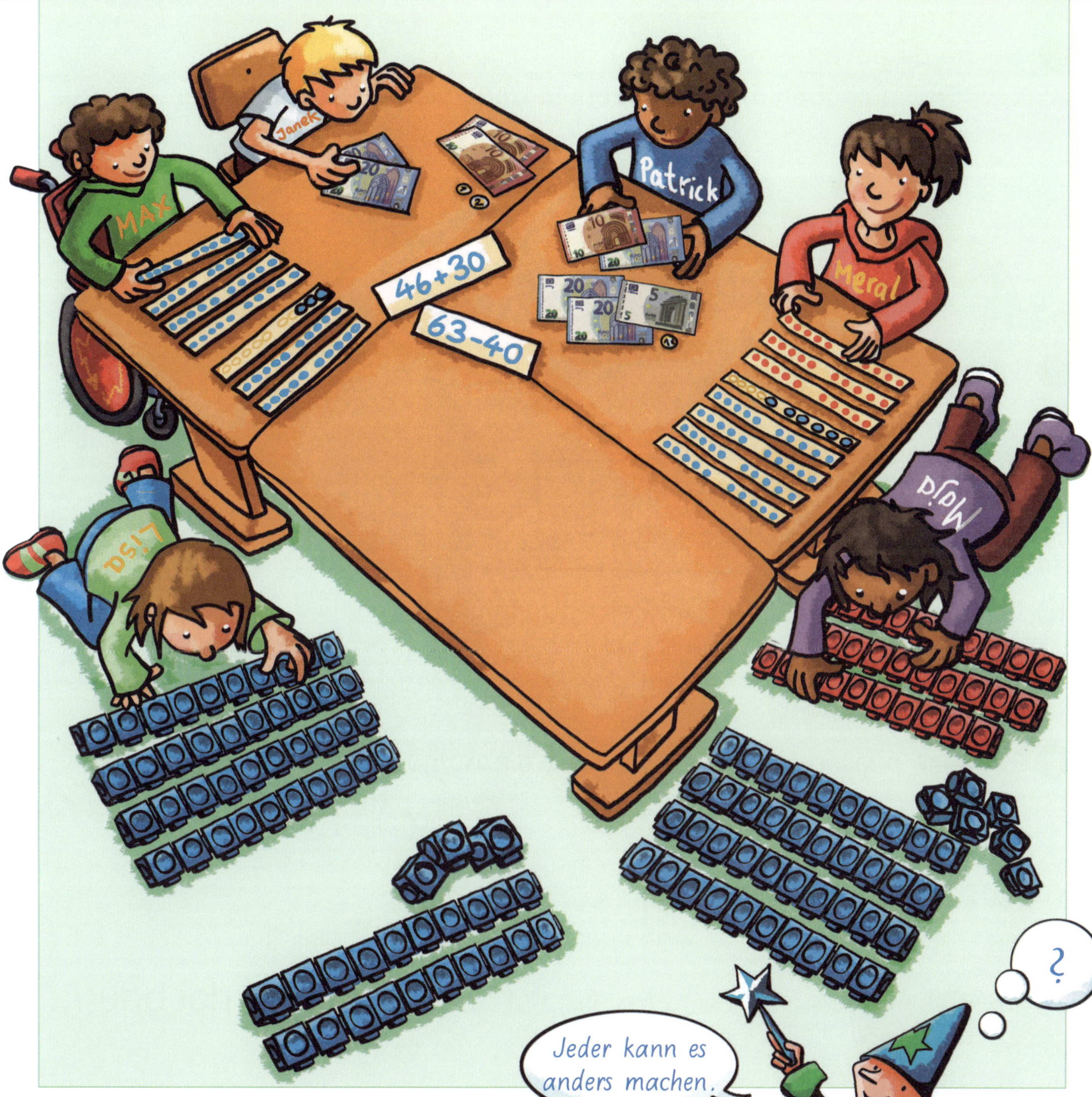
Janek
MAX
Patrick
Meral
46+30
63-40
Lisa
Maja
Jeder kann es anders machen.

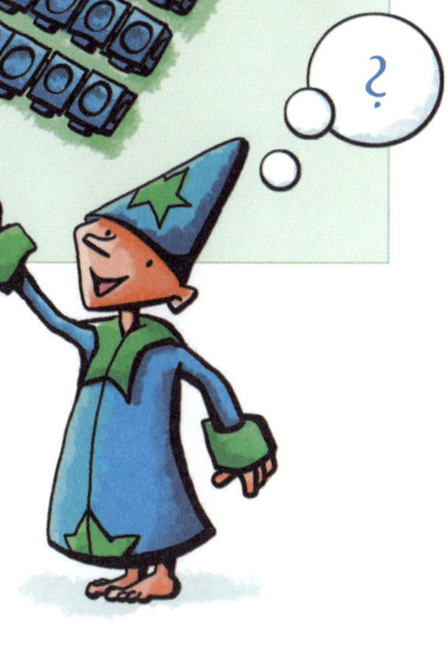
?

1. Löse die beiden Aufgaben 46 + 30 und 63 – 40. Probiere verschiedene Hilfsmittel aus, die du bei den Kindern siehst.

2. Entscheide, mit welchen Hilfsmitteln du die Aufgabe am besten lösen kannst. Vergleiche mit anderen Kindern.

 1 Suche dir ein anderes Kind.

Legt Plusaufgaben mit Zehnerzahlen und zeichnet Rechenbilder.

2 Löse die Aufgaben.

a) 27 + 30 =

38 + 40 =

52 + 20 =

45 + 50 =

b) 20 + 37 =

40 + 32 =

50 + 26 =

c) 49 + 50 =

70 + 11 =

35 + 30 =

20 + 30 = 50

27 + 30 = 57

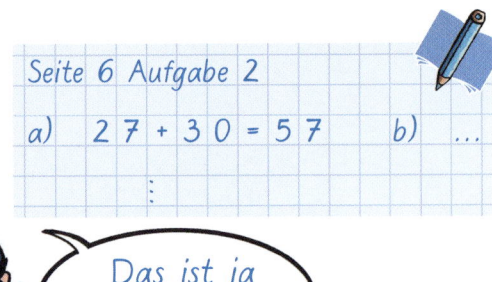

Seite 6 Aufgabe 2

a) 2 7 + 3 0 = 5 7   b) ...

Das ist ja ganz einfach.

3 Ergänze passende Zahlen. Schreibe die Aufgaben auf.

a) 32 + = 52

49 + = 89

24 + = 54

58 + = 78

b) + 42 = 92

 + 31 = 71

 + 54 = 84

 + 25 = 55

c) 18 + = 68

42 + = 92

 + 33 = 43

d) + 75 = 95

37 + = 67

 + 46 = 76

Seite 6 Aufgabe 3

a) 3 2 + 2 0 = 5 2   b) ...

4 Ergänze passende Zehnerzahlen. Finde veschiedene Möglichkeiten.

Vergleiche und besprich deine Lösungen mit einem anderen Kind.

a) 41 + + + = 91

b) 33 + + + = 83

c) 24 + + + + = 84

d) 15 + + + + = 95

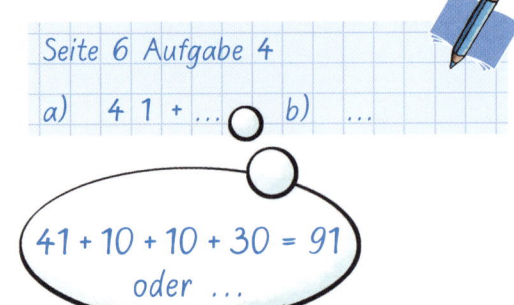

Seite 6 Aufgabe 4

a) 4 1 + ...   b) ...

41 + 10 + 10 + 30 = 91 oder ...

★ übertragen eine Darstellung in eine andere

★ übertragen ihre bisherigen Kenntnisse und Vorgehensweise auf den erweiterten Zahlenraum

★ probieren zielorientiert und nutzen die Einsicht in Zusammenhänge

 1 Suche dir ein anderes Kind. Legt Minusaufgaben mit Zehnerzahlen und zeichnet Rechenbilder.

53 – 20

$53 - 20 = 33$

2 Löse die Aufgaben. Setze die Aufgabenreihen fort. Was fällt dir auf?

a) $87 - 10 = \blacksquare$
$87 - 20 = \blacksquare$
$87 - 30 = \blacksquare$
⋮

b) $74 - 70 = \blacksquare$
$74 - 60 = \blacksquare$
$74 - 50 = \blacksquare$
⋮

c) $41 - 20 = \blacksquare$
$42 - 20 = \blacksquare$
$43 - 20 = \blacksquare$
⋮

d) $96 - 30 = \blacksquare$
$86 - 30 = \blacksquare$
$76 - 30 = \blacksquare$
⋮

Seite 7 Aufgabe 2
a) $8\,7 - 1\,0 = 7\,7$ b) …
⋮
$8\,7 - 4\,0 = 4\,7$
⋮

3 Löse die Aufgaben.

a) $63 - \blacksquare = 43$
$87 - \blacksquare = 47$
$95 - \blacksquare = 65$

b) $98 - \blacksquare = 38$
$46 - \blacksquare = 26$
$53 - \blacksquare = 23$

c) $\blacksquare - 20 = 27$
$\blacksquare - 40 = 31$
$\blacksquare - 30 = 52$

d) $\blacksquare - 50 = 35$
$\blacksquare - 10 = 71$
$\blacksquare - 30 = 36$

Seite 7 Aufgabe 3
a) $6\,3 - 2\,0 = 4\,3$ b) …
⋮

4 Ergänze passende Zehnerzahlen. Finde veschiedene Möglichkeiten. Vergleiche und besprich deine Lösungen mit einem anderen Kind.

a) $93 - \blacksquare - \blacksquare - \blacksquare = 23$

b) $71 - \blacksquare - \blacksquare - \blacksquare = 31$

c) $89 - \blacksquare - \blacksquare - \blacksquare - \blacksquare = 19$

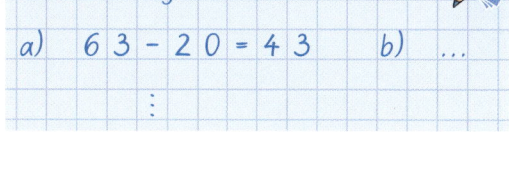

Seite 7 Aufgabe 4
a) 9 3
b) …

$93 - 50 - 10 - 10 = 23$
oder …

→ Ü Seite 38

★ übertragen ihre bisherigen Kenntnisse und Vorgehensweise auf den erweiterten Zahlenraum
★ probieren zielorientiert und nutzen die Einsicht in Zusammenhänge
★ erkennen Strukturen von Aufgabenreihen und setzen diese fort

1 Schreibe alle Aufgaben auf, die Einstern zaubert.
Wenn du die Ergebnisse in den kleinen Sternen findest,
hast du richtig gerechnet.

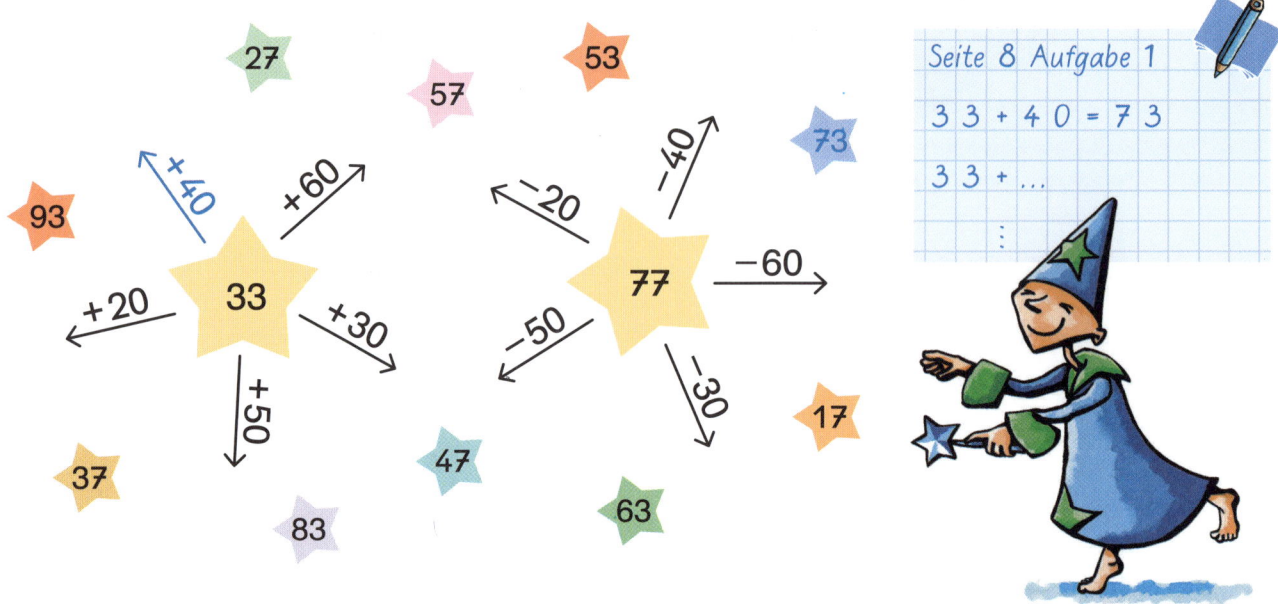

Seite 8 Aufgabe 1

3 3 + 4 0 = 7 3
3 3 + ...
⋮

2 Stelle mit 3 Zahlen Plus- und Minusaufgaben zusammen.
Finde immer 4 Aufgaben.

64	86
78	97
41	56

50	20
10	30
60	40

61	94
68	26
96	47

Seite 8 Aufgabe 2

6 4 + 3 0 = 9 4   ...
3 0 + 6 4 = 9 4
9 4 − 3 0 = 6 4
9 4 − 6 4 = 3 0

3 Rechne im Kopf. Schreibe das Ergebnis auf.

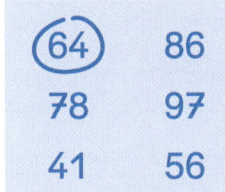

a) 15 —+10→ ☐ —+20→ ☐ —+30→ ☐ —−20→ ☐

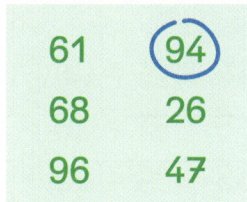

Seite 8 Aufgabe 3

a) 5 5   b) ...

b) 97 —−40→ ☐ —+20→ ☐ —−60→ ☐ —+50→ ☐ —−30→ ☐ —+20→ ☐

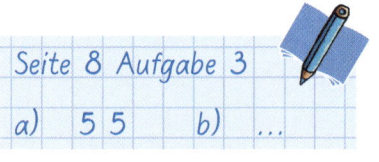

| 2 | 5 | 3 | | 4 | 3 | 7 | 2 | | 5 | 7 | 3 | 6 | 4 |

★ nutzen Zahlbeziehungen und Rechengesetze für vorteilhaftes Rechnen
★ verfügen über Kenntnisse und Fertigkeiten beim schnellen Kopfrechnen im Zahlenraum bis 100

43 + 24

1 Löse die Aufgabe 43 + 24.
Probiere verschiedene Hilfsmittel aus,
die du bei den Kindern siehst.

2 Entscheide, mit welchen Hilfsmitteln
du die Aufgabe am besten lösen kannst.
Vergleiche mit anderen Kindern.

Jeder kann es anders machen.

Rechenschritte zu Plusgaben finden

 1 Suche dir ein anderes Kind. Legt die Plusgaben wie Lea und Tim.

25 + 32

43 + 36

51 + 18

24 + 63

32 + 55

2 Schreibe zu jedem Rechenbild zwei Plusaufgaben
mit den Rechenschritten.

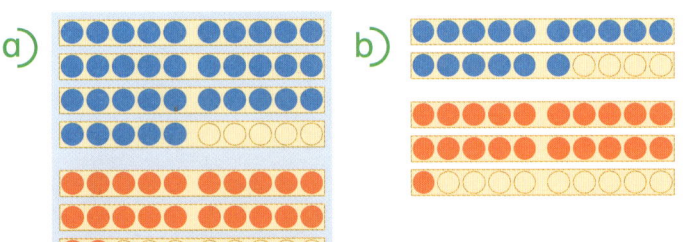

Seite 10 Aufgabe 2

a) 3 5 + 2 0 + 2   b) ...

  3 5 + 2 + 2 0

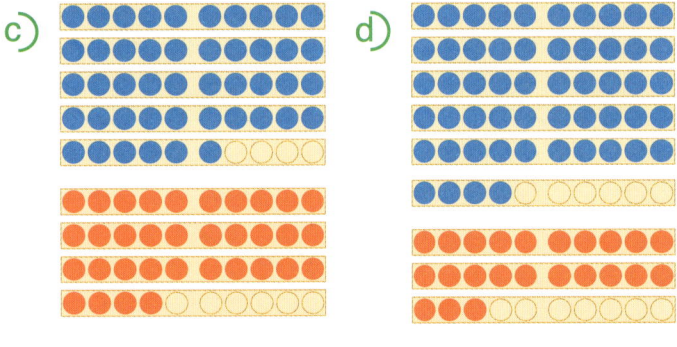

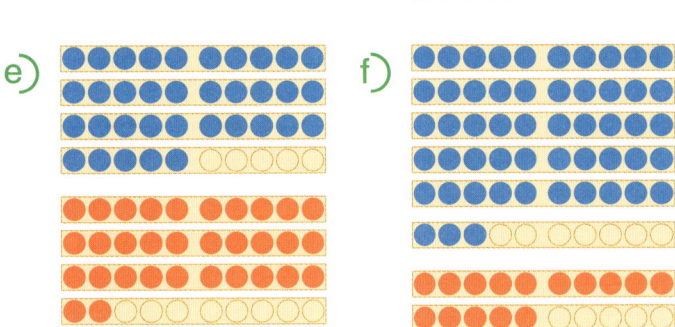

★ führen Zahldarstellungen ineinander über
★ entwickeln und nutzen ihre Rechenwege mit geeigneten Darstellungsformen

$65 + 23 = $ ▢

Ich rechne zuerst die Zehner dazu und dann die Einer.

65 + 23 = 88
65 + 20 = 85
85 + 3 = 88

Ich rechne zuerst die Einer dazu und dann die Zehner.

65 + 23 = 88
65 + 3 = 68
68 + 20 = 88

 1 Wie rechnest du die Aufgabe 65 + 23?
Vergleiche mit anderen Kindern.

2 Lies die Aufgaben am Rechenstrich ab.
Schreibe die Rechenschritte auf.

a)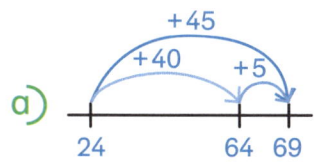

b)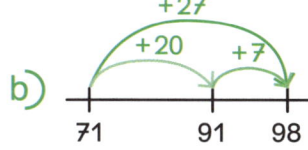

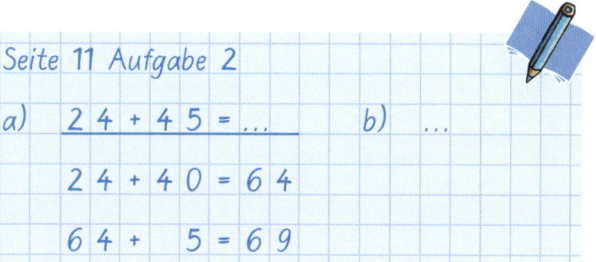

Seite 11 Aufgabe 2
a) 2 4 + 4 5 = ...   b) ...
    2 4 + 4 0 = 6 4
    6 4 +   5 = 6 9

c)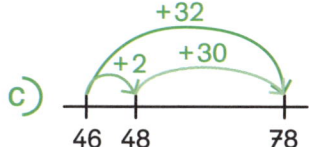

d)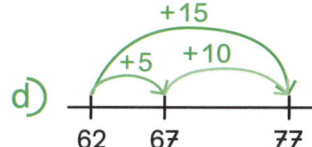

e)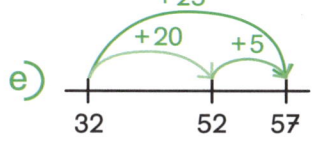

f)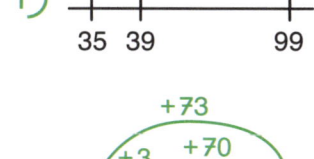

g)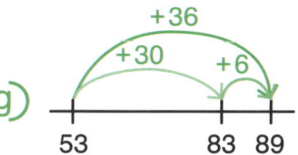

h)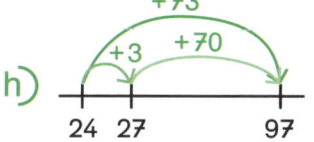

→ AH Seite 43

★ stellen ihre Rechenwege nachvollziehbar dar und erläutern sie anderen
★ übertragen eine Darstellung in eine andere
★ nutzen Rechengesetze und -strategien

1 Lies die Aufgaben an den Pfeilbildern ab.
Schreibe die Rechenschritte auf.

a)
$$52 \xrightarrow{+26} 78$$
$$+20 \searrow \quad 72 \quad \nearrow +6$$

b)
$$71 \xrightarrow{+24} 95$$
$$+20 \searrow \quad 91 \quad \nearrow +4$$

c)
$$45 \xrightarrow{+22} 67$$
$$+2 \searrow \quad 47 \quad \nearrow +20$$

d)
$$83 \xrightarrow{+15} 98$$
$$+5 \searrow \quad 88 \quad \nearrow +10$$

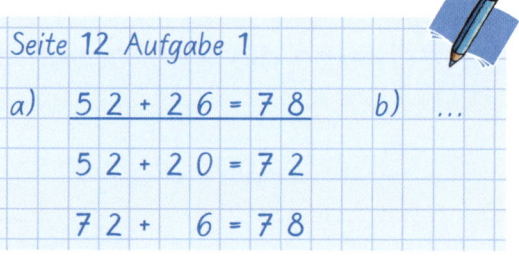

Seite 12 Aufgabe 1

a) 5 2 + 2 6 = 7 8   b) ...
    5 2 + 2 0 = 7 2
    7 2 +   6 = 7 8

2 Stelle deine Rechenschritte in einem Pfeilbild dar.
Schreibe die Rechenschritte auf.

a) 38 + 51 =   b) 33 + 42 =

c) 61 + 24 =   d) 26 + 51 =

e) 43 + 55 =   f) 57 + 32 =

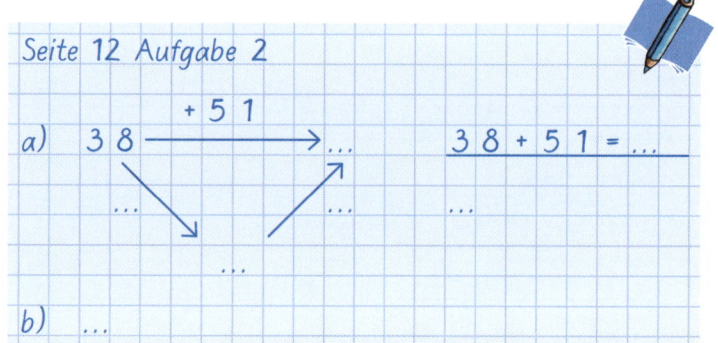

Seite 12 Aufgabe 2

a) 3 8 $\xrightarrow{}$ ...   3 8 + 5 1 = ...
    ... ↘   ↗ ...   ...
              ...

b) ...

* entscheiden sich für ihr individuelles Vorgehen beim Addieren von Zehner-/Einer-Zahlen
* übertragen eine Darstellung in eine andere
* nutzen Rechengesetze und -strategien

1 Rechne mit deinem Rechenweg.

a) 32 + 45 = ☐
61 + 25 = ☐
53 + 36 = ☐
22 + 46 = ☐

b) 21 + 56 = ☐
34 + 45 = ☐
64 + 34 = ☐
46 + 23 = ☐

c) 34 + 13 = ☐
52 + 16 = ☐
23 + 14 = ☐
42 + 25 = ☐

d) 65 + 33 = ☐
27 + 62 = ☐
31 + 29 = ☐
45 + 43 = ☐

Seite 13 Aufgabe 1

a) ... b) ...

Tipp:
Du kannst deine Rechenschritte aufschreiben oder zeichnen.

2 Stelle mit den Zahlenkärtchen Plusaufgaben zusammen.
Schreibe sie auf und löse sie.

22 35 43 31 24 44 13 55

Seite 13 Aufgabe 2

2 2 + 1 3 = ...

3 Löse die Kettenaufgaben im Kopf. Notiere das Ergebnis.

a) 32 + 24 + 30 + 12 = ☐

b) 11 + 36 + 30 + 21 = ☐

c) 25 + 12 + 20 + 11 = ☐

d) 43 + 20 + 15 + 10 = ☐

Seite 13 Aufgabe 3

a) 9 8 b) ...

4 Bilde mit diesen Ziffernkärtchen möglichst viele Plusaufgaben.
Besprich dein Vorgehen mit einem anderen Kind.

a) beliebige Plusaufgaben

b) Plusaufgaben mit der Ergebniszahl 38

c) Plusaufgaben mit der Ergebniszahl 47

Seite 13 Aufgabe 4

a) 1 2 + 5 3 = 6 5 b) ...

→ Ü Seite 39

* lösen Additionsaufgaben im Zahlenraum bis 100 unter Nutzung ihrer individuellen Vorgehensweise
* nutzen Rechengesetze für vorteilhaftes Rechnen
* probieren zielorientiert beim Auffinden von Kombinationen

1 Löse die Aufgaben. Schreibe das Ergebnis auf. Kontrolliere selbst.
Alle richtigen Ergebnisse findest du in den Sternen.

a) $8 + 5 = \square$ b) $7 + 6 = \square$ c) $5 + 7 = \square$

$5 + 6 = \square$ $9 + 5 = \square$ $7 + 7 = \square$

$6 + 4 = \square$ $4 + 7 = \square$ $9 + 8 = \square$

$7 + 8 = \square$ $8 + 4 = \square$ $9 + 7 = \square$

$6 + 6 = \square$ $9 + 9 = \square$ $8 + 7 = \square$

Stern 1: 10   13   12   11   15

Stern 2: 13   12   14   11   18

Stern 3: 12   14   16   17   15

Seite 14 Aufgabe 1

a)   1 3 ✓, ...

b)   ...

Das kannst du schon.

2 Löse die verwandten Aufgabenpaare.
Schreibe die Ergebnisse auf.

a) $8 + 5 = \square$ b) $7 + 9 = \square$ c) $8 + 3 = \square$

$38 + 5 = \square$ $57 + 9 = \square$ $78 + 3 = \square$

d) $7 + 6 = \square$ e) $5 + 7 = \square$ f) $6 + 8 = \square$

$67 + 6 = \square$ $75 + 7 = \square$ $46 + 8 = \square$

Seite 14 Aufgabe 2

a)   1 3 ,   4 3   b)   ...

3 Finde und löse zuerst die kleine Aufgabe.
Schreibe beide Aufgaben auf.

a) $36 + 7 = \square$ b) $45 + 8 = \square$ c) $87 + 5 = \square$

d) $86 + 6 = \square$ e) $74 + 7 = \square$ f) $45 + 6 = \square$

g) $58 + 4 = \square$ h) $37 + 6 = \square$ i) $69 + 7 = \square$

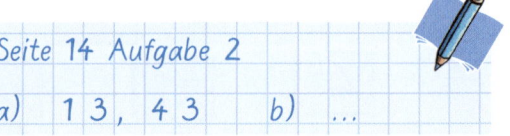

Seite 14 Aufgabe 3

a)   6 + 7 = 1 3   b)   ...

          3 6 + 7 = 4 3

4 Rechne die Aufgabe in Schritten.
Rechne zuerst zum Zehner.

a) $67 + 8 = \square$ b) $38 + 4 = \square$ c) $47 + 7 = \square$

d) $45 + 9 = \square$ e) $56 + 6 = \square$ f) $78 + 7 = \square$

g) $83 + 9 = \square$ h) $75 + 8 = \square$ i) $64 + 7 = \square$

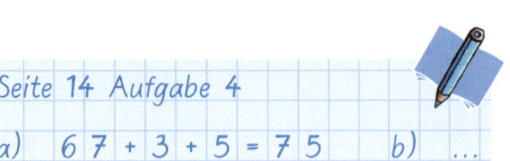

Seite 14 Aufgabe 4

a)   6 7 + 3 + 5 = 7 5   b)   ...

★ übertragen ihre bisherigen Kenntnisse und Vorgehensweise auf den erweiterten Zahlenraum
★ nutzen Rechenstrategien

$$24 + 39 = \blacksquare$$

Ich rechne zuerst die Zehner dazu und dann die Einer.

Janek

+39
+30
+9
24   54   63

$$24 + 39 = 63$$
$$24 + 30 = 54$$
$$54 + 9 = 63$$

+39
+9   +30
24   33   63

$$24 + 39 = 63$$
$$24 + 9 = 33$$
$$33 + 30 = 63$$

Maja

Ich rechne zuerst die Einer dazu und dann die Zehner.

Ich rechne zuerst 24 + 40 = 64. Dann nehme ich wieder 1 weg.

Mai-Lin

+40
+39   −1
24   63 64

$$24 + 39 = 63$$
$$24 + 40 = 64$$
$$64 - 1 = 63$$

Und wie rechnest du?

 1 Wie rechnest du die Aufgabe 24 + 39?
Vergleiche mit anderen Kindern.

2 Rechne mit deinem Rechenweg. Zeichne oder schreibe ihn auf.

a) $76 + 18 = \blacksquare$
$47 + 25 = \blacksquare$
$39 + 52 = \blacksquare$
$53 + 19 = \blacksquare$
$65 + 27 = \blacksquare$

b) $36 + 48 = \blacksquare$
$69 + 27 = \blacksquare$
$24 + 38 = \blacksquare$
$55 + 16 = \blacksquare$
$28 + 54 = \blacksquare$

Seite 15 Aufgabe 2
a)   7 6 + 1 8 = ...   b)   ...

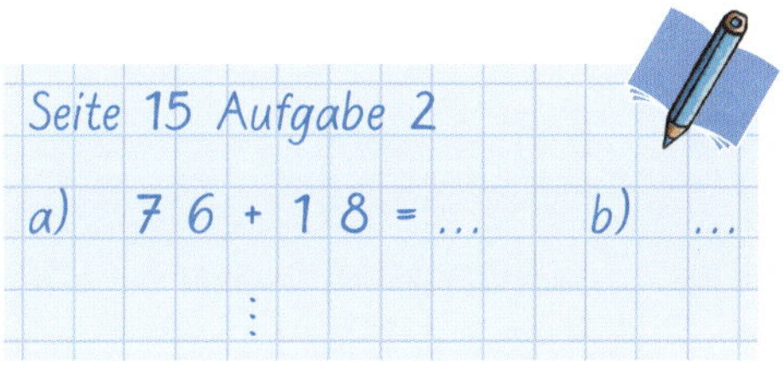

★ stellen ihre Rechenwege nachvollziehbar dar und erläutern sie anderen
★ übertragen eine Darstellung in eine andere
★ nutzen Rechengesetze und -strategien

1 Rechne mit deinem Rechenweg.
Stelle deine Rechenschritte dar.

a) 68 + 26 = ▧
25 + 37 = ▧
74 + 17 = ▧
49 + 19 = ▧

b) 69 + 18 = ▧
24 + 69 = ▧
29 + 37 = ▧
26 + 58 = ▧

c) 58 + 15 = ▧
65 + 28 = ▧
29 + 13 = ▧
57 + 28 = ▧

Du kannst auch zeichnen.

2 Löse die Aufgaben.
Schreibe sie mit dem richtigen Ergebnis auf.

a) 33 + 58 = ▧
24 + 47 = ▧
25 + 36 = ▧
46 + 26 = ▧

b) 23 + 38 = ▧
38 + 24 = ▧
44 + 47 = ▧
58 + 39 = ▧

Seite 16 Aufgabe 2
a) 3 3 + 5 8 = 9 1   b) ...

3 Kontrolliere die Aufgaben.
Tipp: In jedem Päckchen sind zwei Aufgaben falsch.

a) 44 + 18 = 62
47 + 45 = 29
27 + 55 = 82
36 + 45 = 18

b) 38 + 23 = 61
36 + 48 = 74
49 + 32 = 81
28 + 34 = 52

Seite 16 Aufgabe 3
a) 4 7 + 4 5 = 9 2   b) ...

4 Du findest in den Aufgaben ❸a) und ❸b)
jeweils gleiche Fehler. Schreibe auf, was
falsch gemacht wurde.

Seite 16 Aufgabe 4
...

★ lösen Additionsaufgaben im Zahlenraum bis 100 unter Nutzung ihrer individuellen Vorgehensweise
★ nutzen Rechengesetze und -strategien für vorteilhaftes Rechnen
★ überprüfen Ergebnisse, finden, erklären und korrigieren Fehler

→ AH Seite 44
→ Ü Seite 40

1 Löse die Aufgaben. Setze die Zeichen >, < oder = passend ein.

a) 48 + 14 ◉ 68
59 + 28 ◉ 87
27 + 68 ◉ 93

b) 25 + 16 ◉ 37 + 15
47 + 25 ◉ 38 + 36
39 + 26 ◉ 21 + 44

Seite 17 Aufgabe 1
a) 4 8 + 1 4 < 6 8   b) ...
⋮

2 Löse die Aufgaben.
Schreibe die Aufgaben und passende Zahlen in dein Heft.

a) 39 + 39 > ▢
68 + 16 = ▢
38 + 27 < ▢

b) 54 + 18 > ▢ + 15
29 + ▢ < 36 + 47
▢ + 46 = 38 + 23

Seite 17 Aufgabe 2
a) 3 9 + 3 9 > ...   b) ...
⋮

3 Löse die Aufgabenreihen. Setze die Reihen fort.

a) 16 + 18 = ▢
26 + 18 = ▢
36 + 18 = ▢
46 + 18 = ▢
⋮

b) 27 + 33 = ▢
27 + 34 = ▢
27 + 35 = ▢
27 + 36 = ▢
⋮

c) 12 + 29 = ▢
13 + 28 = ▢
14 + 27 = ▢
15 + 26 = ▢
⋮

d) 79 + 13 = ▢
68 + 24 = ▢
57 + 35 = ▢
46 + 46 = ▢
⋮

Seite 17 Aufgabe 3
a) 1 6 + 1 8 = 3 4   b) ...
⋮

Ich löse die Aufgaben, ohne zu rechnen.

4 Löse die Aufgabenpaare. Finde selbst weitere Paare.
Besprich deine Überlegungen mit einem anderen Kind.

a) 24 + 53 = ▢
23 + 54 = ▢

38 + 25 = ▢
35 + 28 = ▢
⋮

b) 46 + 27 = ▢
48 + 25 = ▢

55 + 28 = ▢
57 + 26 = ▢
⋮

Seite 17 Aufgabe 4
a) 2 4 + 5 3 = 7 7   b) ...
   2 3 + 5 4 = 7 7
⋮

→ 3 8 6

→ 1 5 9 7

→ 2 5 4 7 3

★ denken über mathematische Beziehungen und Auffälligkeiten nach
★ überprüfen ihre Vermutungen und vollziehen ihre Überlegungen an eigenen Beispielen nach
★ lösen Additionsaufgaben unter Nutzung von Rechengesetzen und -strategien

Mit Viererfeldern rechnen

Mo	Di	Mi	Do	Fr	Sa	So
					1	2
3	4	5	6	7	8	9
10	11	12	13	14	15	16
17	18	19	20	21	22	23
24	25	26	27	28	29	30
31						

$8 + 16 = ?$
$9 + 15 = ?$

1 Suche in dem Kalenderblatt oben verschiedene
Viererfelder. Übertrage sie ins Heft.
Bilde über Kreuz mit den Zahlen Plusaufgaben.

a)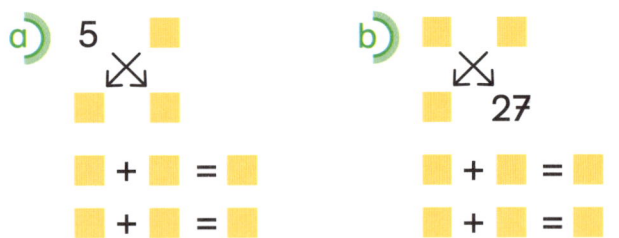

b)

Seite 18 Aufgabe 1

a) 5 ...   b) ...

c) Was fällt dir auf?

2 Suche in dem Kalenderblatt oben verschiedene
Viererfelder, die diese Ergebnisse haben.
Übertrage sie ins Heft und rechne sie aus.

a)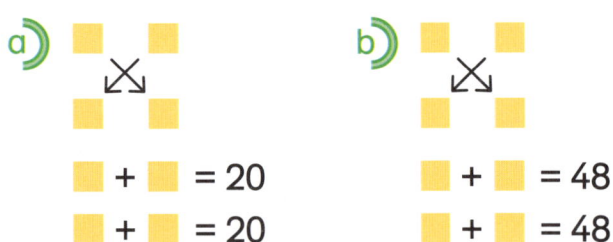

■ + ■ = 20
■ + ■ = 20

b)

■ + ■ = 48
■ + ■ = 48

Seite 18 Aufgabe 2

a)   b)
...   ...

3 Suche dir ein anderes Kind.

a) Vergleicht eure Ergebnisse in Aufgabe **2**. Überlegt
gemeinsam, warum es jeweils das gleiche Ergebnis gibt.

b) Findet weitere Viererfelder
mit anderen Ergebnissen.

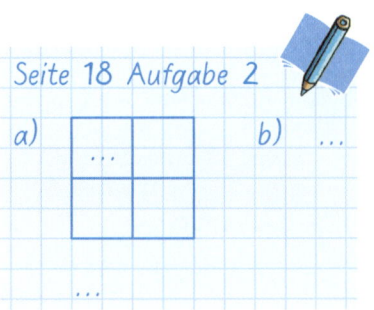

Seite 18 Aufgabe 3

b) ...

★ denken über mathematische Beziehungen nach
★ überprüfen ihre Vermutungen anhand von Beispielen

58 − 25

1 Löse die Aufgabe 58 − 25.
Probiere verschiedene Hilfsmittel aus,
die du bei den Kindern siehst.

2 Entscheide, mit welchen Hilfsmitteln
du die Aufgabe am besten lösen kannst.
Vergleiche mit anderen Kindern.

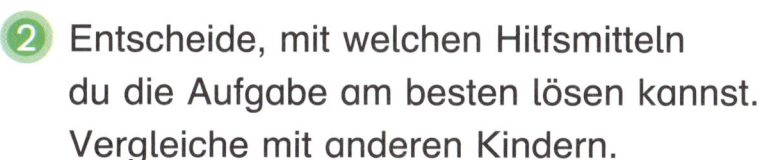

Jeder kann es anders machen.

 1 Suche dir ein anderes Kind. Legt die Minusaufgaben wie Lea und Tim.

45 – 32

58 – 35

76 – 14

64 – 21

39 – 17

Ich nehme zuerst die Zehner weg, dann die Einer.

Ich nehme zuerst die Einer weg, dann die Zehner.

45 - 32

2 Schreibe zu jedem Rechenbild zwei Minusaufgaben mit den Rechenschritten.

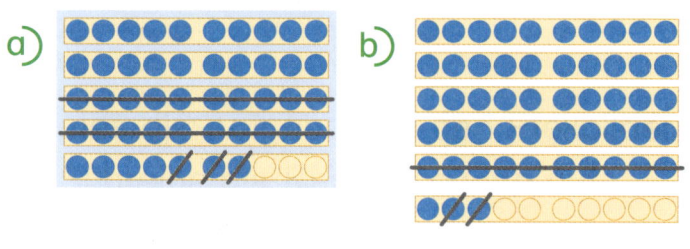

a)

b)

Seite 20 Aufgabe 2

a) 4 7 - 2 0 - 3   b) ...

4 7 - 3 - 2 0

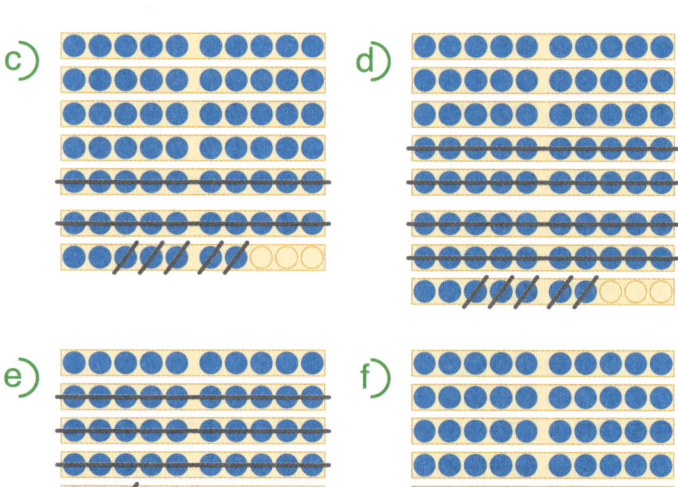

c)

d)

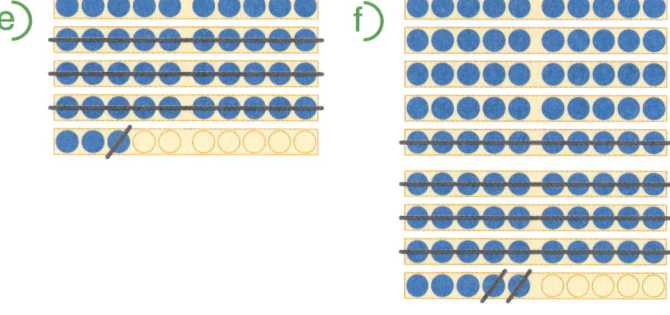

e)

f)

7 5 8

9 4 8 3

6 5 7 4 8

★ übertragen eine Darstellung in eine andere
★ übertragen ihre bisherigen Kenntnisse und Vorgehensweisen auf den erweiterten Zahlenraum
★ entwickeln und nutzen ihre Lösungswege mit geeigneten Darstellungsformen

$73 - 31 = \blacksquare$

$73 - 31 = 42$
$73 - 30 = 43$
$43 - 1 = 42$

Ich nehme zuerst die Einer weg und dann die Zehner.

Ich nehme zuerst die Zehner weg und dann die Einer.

$73 - 31 = 42$
$73 - 1 = 72$
$72 - 30 = 42$

 1 Wie rechnest du die Aufgabe $73 - 31$?
Vergleiche mit anderen Kindern.

2 Lies die Aufgaben am Rechenstrich ab.
Schreibe die Rechenschritte auf.

a)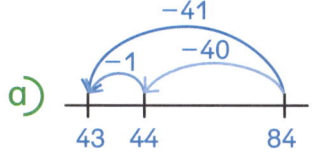

b)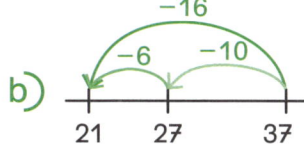

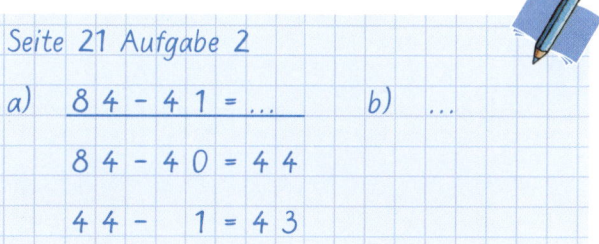
Seite 21 Aufgabe 2
a) $84 - 41 = \ldots$ b) $\ldots$
$84 - 40 = 44$
$44 - 1 = 43$

c)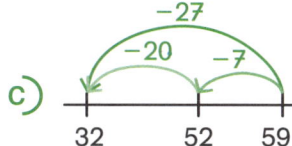

d)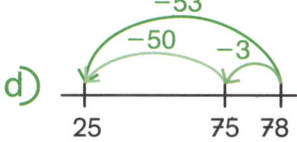

3 Löse die Aufgaben. Stelle deine Rechenschritte am Rechenstrich dar.
Schreibe die Rechenschritte auf.

a) $65 - 41 = \blacksquare$ b) $89 - 36 = \blacksquare$

c) $43 - 21 = \blacksquare$ d) $66 - 33 = \blacksquare$

e) $58 - 25 = \blacksquare$ f) $96 - 23 = \blacksquare$

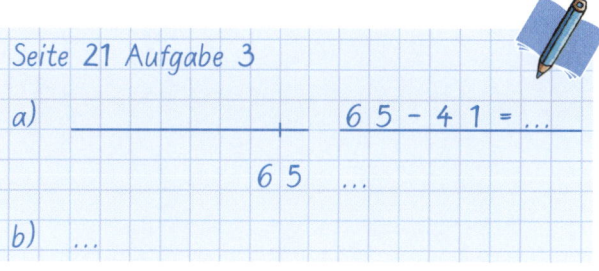
Seite 21 Aufgabe 3
a) $65 - 41 = \ldots$
65 $\ldots$
b) $\ldots$

→ AH Seite 45

★ stellen ihre Rechenwege nachvollziehbar dar und erläutern sie anderen
★ übertragen eine Darstellung in eine andere
★ nutzen Rechengesetze und -strategien

Minusaufgaben mit Pfeilbildern in Schritten lösen

1 Lies die Aufgaben an den Pfeilbildern ab. Schreibe die Rechenschritte auf.

a) $65 \xrightarrow{-23} 42$ $-20 \searrow \ 45 \ \nearrow -3$

b) $96 \xrightarrow{-65} 31$ $-60 \searrow \ 36 \ \nearrow -5$

c) $84 \xrightarrow{-41} 43$ $-1 \searrow \ 83 \ \nearrow -40$

d) $75 \xrightarrow{-24} 51$ $-4 \searrow \ 71 \ \nearrow -20$

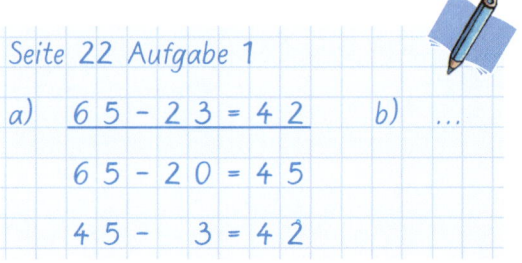

Seite 22 Aufgabe 1

a) $6\ 5 - 2\ 3 = 4\ 2$ b) ...
    $6\ 5 - 2\ 0 = 4\ 5$
    $4\ 5 - \ \ 3 = 4\ 2$

2 Stelle deine Rechenschritte in einem Pfeilbild dar. Schreibe die Rechenschritte auf.

a) $56 - 23 =$ ▨   b) $98 - 45 =$ ▨

c) $87 - 44 =$ ▨   d) $78 - 35 =$ ▨

e) $69 - 17 =$ ▨   f) $43 - 22 =$ ▨

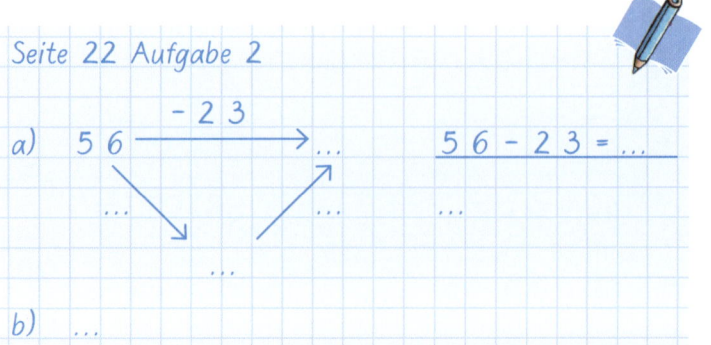

Seite 22 Aufgabe 2

a) $5\ 6 \xrightarrow{-\ 2\ 3} ...$ $5\ 6 - 2\ 3 = ...$

b) ...

* entscheiden sich für ihr individuelles Vorgehen beim Subtrahieren von Zehner-/Einer-Zahlen
* übertragen eine Darstellung in eine andere
* nutzen Rechengesetze und -strategien

Minusaufgaben üben

1 Rechne mit deinem Rechenweg.

a) $89 - 22 = $ ■
$76 - 41 = $ ■
$96 - 53 = $ ■
$67 - 25 = $ ■

b) $79 - 34 = $ ■
$95 - 61 = $ ■
$88 - 33 = $ ■
$57 - 16 = $ ■

c) $84 - 44 = $ ■
$59 - 32 = $ ■
$55 - 43 = $ ■
$47 - 35 = $ ■

d) $79 - 58 = $ ■
$83 - 72 = $ ■
$96 - 55 = $ ■
$89 - 42 = $ ■

Tipp:
Du kannst deine Rechenschritte aufschreiben oder zeichnen.

Seite 23 Aufgabe 1

a) ... b) ...

2 Ordne Aufgaben und Ergebnisse passend zu.

$55 - 21$	$78 - 52$	$39 - 16$
$46 - 33$	$89 - 44$	$75 - 32$
$67 - 42$	$99 - 28$	$56 - 42$
$37 - 16$	$59 - 23$	$77 - 31$

25	71	26	34	13	43
14	36	45	21	23	46

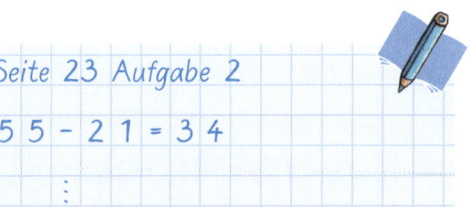

Seite 23 Aufgabe 2

$5 5 - 2 1 = 3 4$

⋮

3 Kontrolliere die Aufgaben.

Tipp: In jedem Päckchen sind zwei Aufgaben falsch.

a) $96 - 24 = 72$
$89 - 37 = 53$
$85 - 23 = 62$
$49 - 16 = 31$

b) $78 - 34 = 42$
$58 - 25 = 33$
$67 - 34 = 32$
$66 - 21 = 45$

Seite 23 Aufgabe 3

a) $8 9 - 3 7 = 5 2$ b) ...

⋮

4 Löse die Kettenaufgaben im Kopf. Notiere das Ergebnis.

a) $68 - 25 - 10 - 21 = $ ■
b) $97 - 40 - 12 - 25 = $ ■
c) $86 - 34 - 30 - 20 = $ ■
d) $75 - 20 - 13 - 31 = $ ■

Seite 23 Aufgabe 4

a) $1 2$ b) ...

→ Ü Seite 41

★ lösen Subtraktionsaufgaben im Zahlenraum bis 100 unter Nutzung ihrer eigenen Vorgehensweise
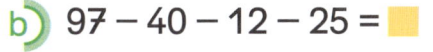
★ nutzen Rechengesetze für vorteilhaftes Rechnen
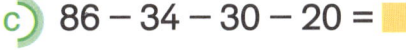
★ überprüfen Ergebnisse, finden und korrigieren Fehler

Minusaufgaben mit Einern über den Zehner hinweg üben

1 Löse die Aufgaben. Schreibe das Ergebnis auf. Kontrolliere selbst.
Alle richtigen Ergebnisse findest du in den Sternen.

a) $11 - 8 = \blacksquare$
$13 - 6 = \blacksquare$
$15 - 7 = \blacksquare$
$14 - 8 = \blacksquare$
$12 - 7 = \blacksquare$

b) $16 - 7 = \blacksquare$
$13 - 9 = \blacksquare$
$12 - 6 = \blacksquare$
$13 - 8 = \blacksquare$
$14 - 7 = \blacksquare$

c) $11 - 6 = \blacksquare$
$13 - 7 = \blacksquare$
$12 - 9 = \blacksquare$
$16 - 8 = \blacksquare$
$15 - 6 = \blacksquare$

Stern: 6, 3, 7, 5, 8

Stern: 7, 6, 5, 9, 4

Stern: 3, 6, 9, 8, 5

Seite 24 Aufgabe 1

a)   3 ✓, …

b)   …

Das kannst du schon.

2 Löse die verwandten Aufgabenpaare.
Schreibe die Ergebnisse auf.

a) $13 - 7 = \blacksquare$
$33 - 7 = \blacksquare$

b) $11 - 5 = \blacksquare$
$61 - 5 = \blacksquare$

c) $12 - 7 = \blacksquare$
$52 - 7 = \blacksquare$

d) $14 - 6 = \blacksquare$
$84 - 6 = \blacksquare$

e) $12 - 4 = \blacksquare$
$42 - 4 = \blacksquare$

f) $15 - 8 = \blacksquare$
$75 - 8 = \blacksquare$

Seite 24 Aufgabe 2

a)   6 , 26   b)   …

3 Finde und löse zuerst die kleine Aufgabe.
Schreibe beide Aufgaben auf.

a) $63 - 6 = \blacksquare$
b) $34 - 7 = \blacksquare$
c) $52 - 5 = \blacksquare$
d) $76 - 8 = \blacksquare$
e) $43 - 7 = \blacksquare$
f) $82 - 6 = \blacksquare$
g) $65 - 9 = \blacksquare$
h) $91 - 4 = \blacksquare$
i) $73 - 8 = \blacksquare$

Seite 24 Aufgabe 3

a)   1 3 - 6 = 7   b)   …

   6 3 - 6 = 5 7

4 Rechne die Aufgabe in Schritten.
Rechne zuerst zum Zehner.

a) $41 - 4 = \blacksquare$
b) $62 - 8 = \blacksquare$
c) $73 - 5 = \blacksquare$
d) $83 - 8 = \blacksquare$
e) $34 - 6 = \blacksquare$
f) $52 - 7 = \blacksquare$
g) $54 - 5 = \blacksquare$
h) $92 - 7 = \blacksquare$
i) $23 - 8 = \blacksquare$

Seite 24 Aufgabe 4

a)   4 1 - 1 - 3 = 3 7   b)   …

* übertragen ihre bisherigen Kenntnisse und Vorgehensweise auf den erweiterten Zahlenraum
* nutzen Rechenstrategien

$$54 - 29 = \blacksquare$$

Lisa: Ich nehme zuerst die Zehner weg und dann die Einer.

−29
−20
−9
25   45   54

$54 - 29 = 25$
$54 - 9 = 45$
$45 - 20 = 25$

Patrick: Ich rechne zuerst $54 - 30 = 24$. Dann zähle ich wieder 1 dazu.

−29
−9
−20
25   34   54

$54 - 29 = 25$
$54 - 20 = 34$
$34 - 9 = 25$

−30
+1
−29
24 25   54

$54 - 29 = 25$
$54 - 30 = 24$
$24 + 1 = 25$

Paul: Ich nehme zuerst die Einer weg und dann die Zehner.

Und wie rechnest du?

---

 1 Wie rechnest du die Aufgabe $54 - 29$?
Vergleiche mit anderen Kindern.

2 Rechne mit deinem Rechenweg. Zeichne oder schreibe ihn auf.

a) $92 - 47 = \blacksquare$
$45 - 37 = \blacksquare$
$62 - 49 = \blacksquare$
$83 - 46 = \blacksquare$
$76 - 27 = \blacksquare$

b) $96 - 58 = \blacksquare$
$77 - 49 = \blacksquare$
$32 - 18 = \blacksquare$
$51 - 25 = \blacksquare$
$63 - 17 = \blacksquare$

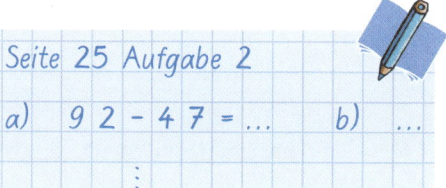

Seite 25 Aufgabe 2
a)   9 2 - 4 7 = ...   b)   ...

★ stellen ihre Rechenwege nachvollziehbar dar und erläutern sie anderen
★ übertragen eine Darstellung in eine andere
★ nutzen Rechengesetze und -strategien

Minusaufgaben lösen

1 Rechne mit deinem Rechenweg.
Stelle deine Rechenschritte dar.

a) $32 - 17 = $ ▮
$53 - 25 = $ ▮
$71 - 36 = $ ▮
$45 - 28 = $ ▮

b) $72 - 28 = $ ▮
$53 - 17 = $ ▮
$45 - 36 = $ ▮
$94 - 48 = $ ▮

c) $64 - 35 = $ ▮
$82 - 44 = $ ▮
$93 - 25 = $ ▮
$65 - 29 = $ ▮

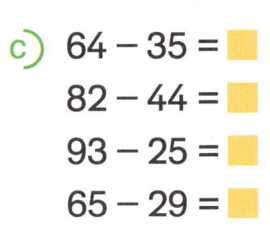

Du kannst auch zeichnen.

2 Löse die Aufgaben.
Schreibe sie mit dem richtigen Ergebnis auf.

a) $63 - 37 = $ ▮
$45 - 28 = $ ▮
$72 - 36 = $ ▮
$85 - 47 = $ ▮

b) $64 - 18 = $ ▮
$83 - 35 = $ ▮
$72 - 29 = $ ▮
$33 - 25 = $ ▮

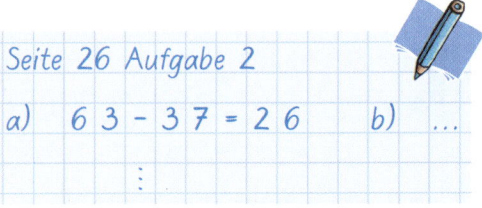

3 Kontrolliere die Aufgaben.
Tipp: In jedem Päckchen sind zwei Aufgaben falsch.

a) $43 - 18 = 25$
$31 - 17 = 41$
$66 - 38 = 82$
$94 - 68 = 26$

b) $81 - 25 = 65$
$73 - 35 = 38$
$55 - 36 = 91$
$64 - 36 = 28$

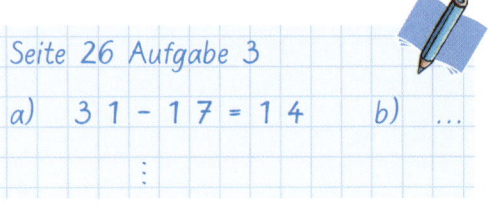

4 Du findest in den Aufgaben **3** a) und **3** b)
jeweils gleiche Fehler. Schreibe auf, was
falsch gemacht wurde.

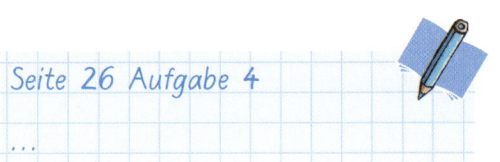

* lösen Subtraktionsaufgaben im Zahlenraum bis 100 unter Nutzung ihrer individuellen Vorgehensweise
* nutzen Rechengesetze für vorteilhaftes Rechnen
* überprüfen Ergebnisse, finden, erklären und korrigieren Fehler

→ AH Seite 46
→ Ü Seite 42

Minusaufgaben üben

1 Löse die Aufgaben. Setze die Zeichen >, < oder = passend ein.

a) 74 − 26 ● 50
82 − 37 ● 43
95 − 38 ● 57

b) 44 − 27 ● 36 − 19
94 − 36 ● 74 − 28
55 − 28 ● 92 − 68

Seite 27 Aufgabe 1
a)   7 4 − 2 6 < 5 0   b)   ...
⋮

2 Löse die Aufgaben.
Schreibe die Aufgaben und passende Zahlen in dein Heft.

a) 42 − 26 < ▮
54 − 38 > ▮
75 − 47 = ▮

b) 94 − 36 > ▮ − 15
73 − ▮ = 95 − 48
▮ − 37 < 82 − 23

Seite 27 Aufgabe 2
a)   4 2 − 2 6 < ...   b)   ...
⋮

3 Löse die Aufgabenreihen. Setze die Reihen fort.

a) 93 − 67 = ▮
83 − 57 = ▮
73 − 47 = ▮
63 − 37 = ▮
⋮

b) 71 − 29 = ▮
72 − 29 = ▮
73 − 29 = ▮
74 − 29 = ▮
⋮

Seite 27 Aufgabe 3
a)   9 3 − 6 7 = 2 6   b)   ...
⋮

c) 72 − 32 = ▮
72 − 33 = ▮
72 − 34 = ▮
72 − 35 = ▮
⋮

d) 42 − 24 = ▮
44 − 22 = ▮
46 − 20 = ▮
48 − 18 = ▮
⋮

4 Löse die Aufgabenpaare. Finde selbst weitere Paare.
Besprich deine Überlegungen mit einem anderen Kind.

a) 52 − 26 = ▮
54 − 28 = ▮

35 − 27 = ▮
37 − 29 = ▮
⋮

b) 63 − 27 = ▮
61 − 25 = ▮

52 − 25 = ▮
50 − 23 = ▮
⋮

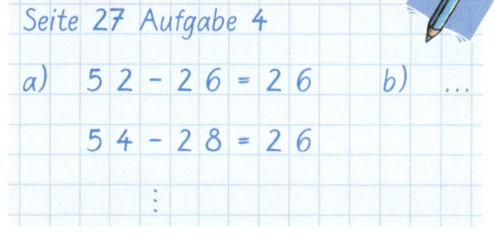

Seite 27 Aufgabe 4
a)   5 2 − 2 6 = 2 6   b)   ...
       5 4 − 2 8 = 2 6
⋮

→ 2 5 3   → 4 7 5 8   → 9 6 10 7 5

★ denken über mathematische Beziehungen und Auffälligkeiten nach
★ überprüfen ihre Vermutungen und vollziehen ihre Überlegungen an eigenen Beispielen nach
★ lösen Subtraktionsaufgaben unter Nutzung von Rechengesetzen und -strategien

1

Bilde aus diesen Ziffernkärtchen sechs verschiedene zweistellige Zahlen.

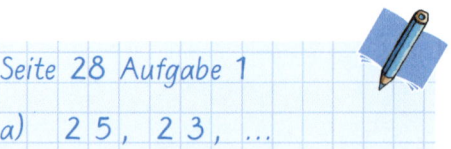

Seite 28 Aufgabe 1

a) 2 5 , 2 3 , ...

2 Stelle aus den verschiedenen Zahlen von Aufgabe **1** alle Minusaufgaben zusammen.

a) Schreibe sie in dein Heft.

b) Bestimme die Ergebnisse.
Du musst nicht alle Aufgaben ausrechnen.
Überlege, warum.
Sprich mit einem anderen Kind darüber.

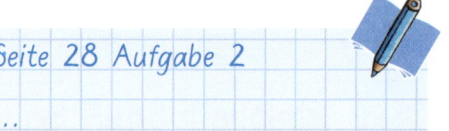

Seite 28 Aufgabe 2

...

3

Bilde aus jeweils zwei Ziffernkärtchen zweistellige Zahlen.

a) Rechne Minusaufgaben mit diesen Zahlen.

b) Welche Ergebnisse haben deine Aufgaben?

c) Was fällt dir auf?
Sprich mit einem anderen Kind darüber.

Seite 28 Aufgabe 3

a) 9 8 - 1 0 = ...   b) ...

4 Bilde aus den Ziffernkärtchen jeweils die größte und die kleinste zweistellige Zahl und schreibe die Minusaufgabe auf.

a)   b)   c)

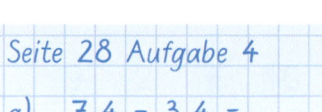 

Seite 28 Aufgabe 4

a) 7 4 - 3 4 = ...   b) ...

 ★ probieren systematisch und nutzen die Strategie zur Problemlösung
★ stellen Vermutungen über Zusammenhänge an

Zahlen runden – Überschlagsrechnung finden

Mit Zehnerzahlen kann ich ganz schnell rechnen!

- Wenn man ein Ergebnis ungefähr ausrechnen oder überprüfen will, rechnet man mit Zehnerzahlen.

- Die Rechnung mit Nachbarzehnern heißt Überschlagsrechnung.

- Dazu sucht man für jede Zahl den nächstliegenden Nachbarzehner. Das nennt man Zahlen runden.
  Hat eine Zahl 5 Einer, liegt sie genau zwischen zwei Zehnerzahlen. Dann nimmt man den größeren Nachbarzehner.

  Genaue Rechnung: 37 + 24 = 61
  Überschlagsrechnung: 40 + 20 = 60

1 Finde für die Zahlen den Nachbarzehner, den man bei der Überschlagsrechnung verwendet. Schreibe die Zahlen in dein Heft.

a) 62 ⟶ ▨
  67 ⟶ ▨
  69 ⟶ ▨
  61 ⟶ ▨
  64 ⟶ ▨

b) 33 ⟶ ▨
  45 ⟶ ▨
  74 ⟶ ▨
  18 ⟶ ▨
  96 ⟶ ▨

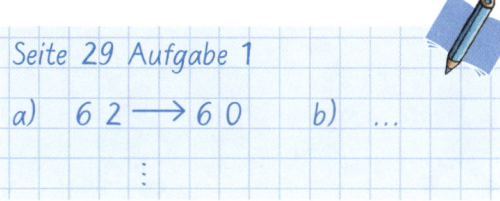

2 Runde die Zahlen und schreibe die Überschlagsrechnung auf.

a) 58 + 34 = 92
  19 + 23 = 42
  33 + 29 = 62
  47 + 44 = 91
  32 + 48 = 80

b) 47 − 28 = 19
  76 − 48 = 28
  51 − 24 = 27
  35 − 26 = 9
  91 − 38 = 53

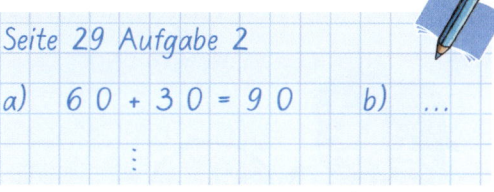

★ runden Zahlen und geben mittels der Überschlagsrechnung das ungefähre Ergebnis an

Mit der Überschlagsrechnung Ergebnisse überprüfen

1 Finde die Überschlagsrechnungen und schreibe sie auf.
Prüfe, ob die Ergebnisse der Aufgaben richtig sein können.

a) $57 + 24 = 81$
$72 + 19 = 91$
$29 + 53 = 72$
$18 + 54 = 72$
$69 + 24 = 83$

b) $92 - 28 = 64$
$68 - 32 = 26$
$81 - 28 = 53$
$91 - 58 = 43$
$72 - 53 = 19$

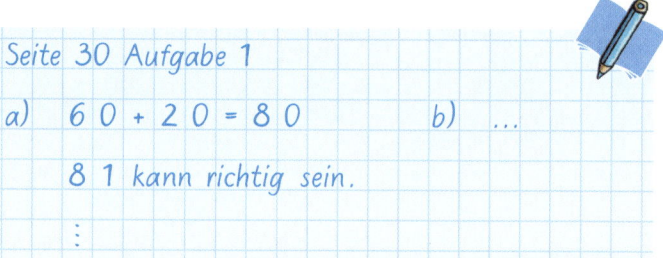

Seite 30 Aufgabe 1
a) 6 0 + 2 0 = 8 0   b) ...
        8 1 kann richtig sein.
        ⋮

2 Löse die Aufgaben. Überprüfe mit der Überschlagsrechnung,
ob dein Ergebnis stimmen kann.

a) $64 + 29 =$ ▢
$38 + 13 =$ ▢
$47 + 12 =$ ▢
$17 + 24 =$ ▢
$58 + 24 =$ ▢

b) $93 - 39 =$ ▢
$51 - 24 =$ ▢
$91 - 18 =$ ▢
$82 - 23 =$ ▢
$76 - 29 =$ ▢

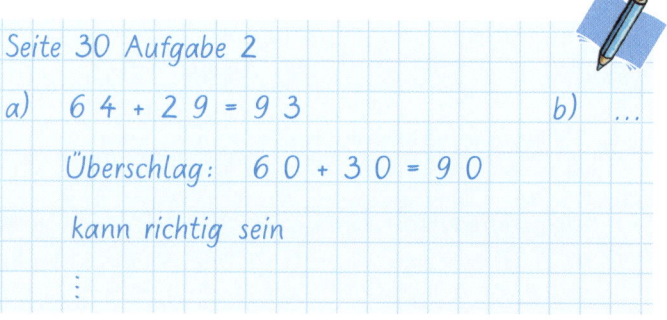

Seite 30 Aufgabe 2
a) 6 4 + 2 9 = 9 3   b) ...
        Überschlag: 6 0 + 3 0 = 9 0
        kann richtig sein
        ⋮

3 Rechne die Überschlagsrechnung im Kopf.
Stelle so schnell fest, zu welchem Ergebnisstern die Aufgabe gehört.

a) $34 + 18 =$ ▢
c) $39 + 54 =$ ▢
e) $91 - 24 =$ ▢

b) $34 + 48 =$ ▢
d) $61 - 33 =$ ▢
f) $93 - 54 =$ ▢

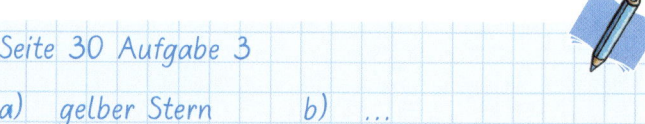

Seite 30 Aufgabe 3
a) gelber Stern   b) ...

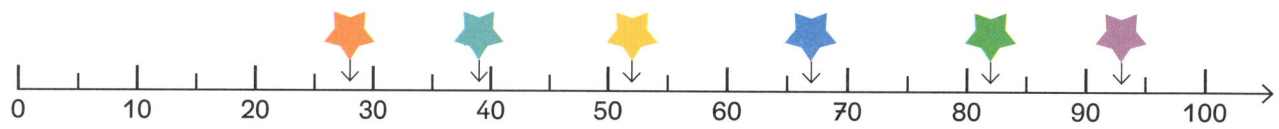

* überprüfen Ergebnisse mithilfe der Überschlagsrechnung
* geben die ungefähre Größenordnung der Ergebnisse von Aufgaben an

Mit der Umkehraufgabe Ergebnisse kontrollieren

1 Schreibe die Plusaufgaben mit Ergebnis
und die passenden Umkehraufgaben auf.

a) $45 \xrightleftharpoons[-\ 37]{+\ 37} \blacksquare$ b) $18 \xrightleftharpoons[-\ 54]{+\ 54} \blacksquare$

c) $27 \xrightleftharpoons[-\ 25]{+\ 25} \blacksquare$ d) $65 \xrightleftharpoons[-\ 18]{+\ 18} \blacksquare$

Seite 31 Aufgabe 1
a)   4 5 + 3 7 = 8 2   b)   ...
*   8 2 − 3 7 = 4 5*

2 Schreibe die Minusaufgaben mit Ergebnis
und die passenden Umkehraufgaben auf.

a) $54 \xrightleftharpoons[+\ 28]{-\ 28} \blacksquare$ b) $46 \xrightleftharpoons[+\ 29]{-\ 29} \blacksquare$

c) $52 \xrightleftharpoons[+\ 36]{-\ 36} \blacksquare$ d) $91 \xrightleftharpoons[+\ 44]{-\ 44} \blacksquare$

Seite 31 Aufgabe 2
a)   5 4 − 2 8 = 2 6   b)   ...
*   2 6 + 2 8 = 5 4*

3 Löse die Aufgaben.
Kontrolliere selbst mit Hilfe der Umkehraufgabe.

a) $45 + 28 = \blacksquare$ b) $57 + 28 = \blacksquare$
   $36 + 25 = \blacksquare$ $39 + 46 = \blacksquare$
   $48 + 24 = \blacksquare$ $48 + 19 = \blacksquare$
   $24 + 37 = \blacksquare$ $69 + 25 = \blacksquare$

c) $56 - 38 = \blacksquare$ d) $74 - 28 = \blacksquare$
   $72 - 26 = \blacksquare$ $31 - 18 = \blacksquare$
   $64 - 17 = \blacksquare$ $85 - 37 = \blacksquare$
   $91 - 53 = \blacksquare$ $46 - 28 = \blacksquare$

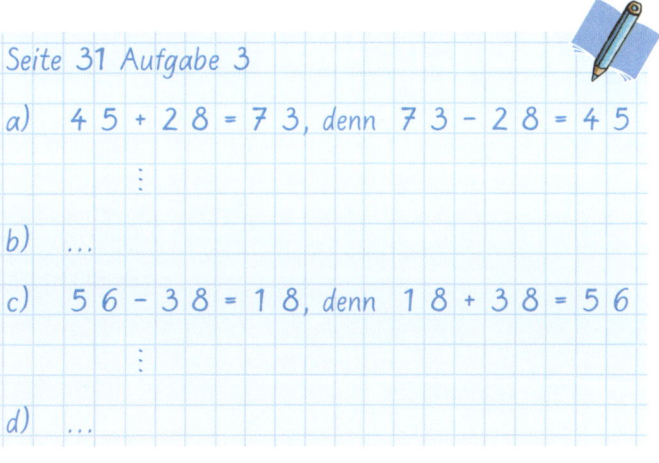

Seite 31 Aufgabe 3
a)   4 5 + 2 8 = 7 3, denn 7 3 − 2 8 = 4 5
*   ⋮*
b)   ...
c)   5 6 − 3 8 = 1 8, denn 1 8 + 3 8 = 5 6
*   ⋮*
d)   ...

* entdecken, nutzen und beschreiben Operationseigenschaften (Umkehrbarkeit) an Beispielen
* überprüfen ihre Ergebnisse mittels der Ergebnisse der jeweiligen Umkehraufgabe

Rätsel- und Knobelaufgaben lösen

1 Schreibe die Lösungen der Zahlenrätsel auf.
Alle richtigen Ergebnisse findest du in den Sternen unten.

a) Meine Zahl ist das Doppelte von 16.

b) Meine Zahl ist um 15 kleiner als 73.

c) Meine Zahl ist der Unterschied von 39 und 26.

d) Meine Zahl erhältst du, wenn du zu 26 noch 12 dazurechnest.

e) Meine Zahl erhältst du, wenn du den Unterschied
von 36 und 24 verdoppelst.

f) Meine Zahl ist die Hälfte von 88.

g) Meine Zahl ist um 16 größer als 58.

h) Meine Zahl ist das Ergebnis von 94 − 27.

i) Meine Zahl erhältst du, wenn du den Unterschied von 36 und 24 halbierst.

k) Meine Zahl erhältst du, wenn du den Unterschied von 40 und 30
und den Unterschied von 75 und 50 zusammenzählst.

> *Seite 32 Aufgabe 1*
> *a)   1 6 + 1 6 = 3 2   b)   ...*

67   24   38   32   35
  13   44   74   58   6

2 Finde passende Ziffernkarten.
Schreibe verschiedene Aufgaben auf.

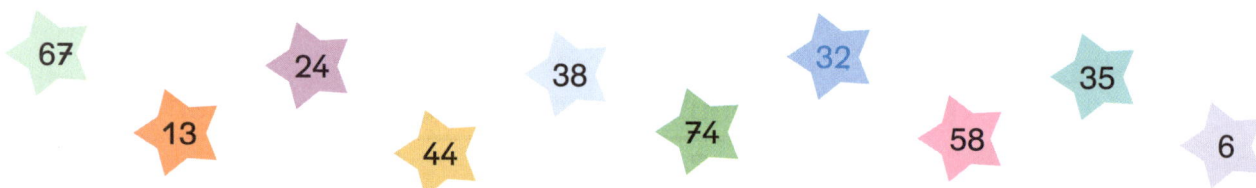

a) ▥ + ▥ = 57   b) ▥ − ▨ = 35

c) ▥ − ▥ = 42   d) ▥ ● ▥ = ▨

> *40 + 17 = 57*
> *oder 42 + 15 = 57*
> *oder...*

> *Seite 32 Aufgabe 2*
> *a)   ...*

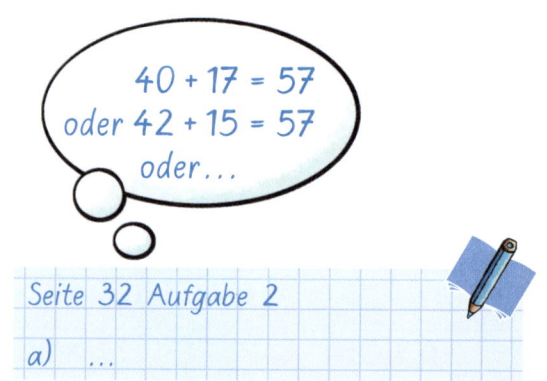

→ 10 6 9   → 5 7 3 9   → 2 8 4 7 3

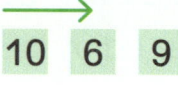

★ übersetzen Problemstellungen aus Sachsituationen in die Sprache der Mathematik
★ verwenden Fachbegriffe richtig
★ probieren systematisch und nutzen die Einsicht in Zusammenhänge zur Problemlösung

1 Finde zu 3 Zahlen 2 Plusaufgaben und 2 Minusaufgaben. Schreibe sie auf.

Aufgabe und Tauschaufgabe und die beiden Umkehraufgaben

a) | 89 | 75 | 14 |

b) | 28 | 52 | 24 |

c) | 63 | 8 | ? |

d) | 16 | 71 | ? |

Seite 33 Aufgabe 1

a)   75 + 14 = 89   b) ...

     14 + 75 = 89

     89 − 75 = 14

     89 − 14 = 75

2 Stelle Plus- und Minusaufgaben zusammen und löse sie.
Richtige Ergebnisse findest du in den Sternen.
Tipp: In jedem Haus kannst du 9 Aufgaben finden.

a)
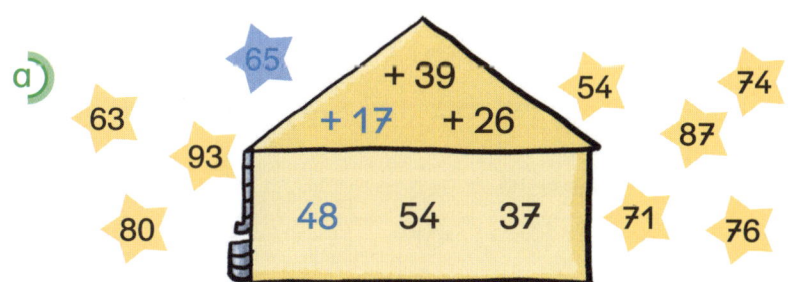

65   63   93   80   +39   +17   +26   54   74   87   71   76
48   54   37

Seite 33 Aufgabe 2

a)   48 + 17 = 65   b) ...

b)
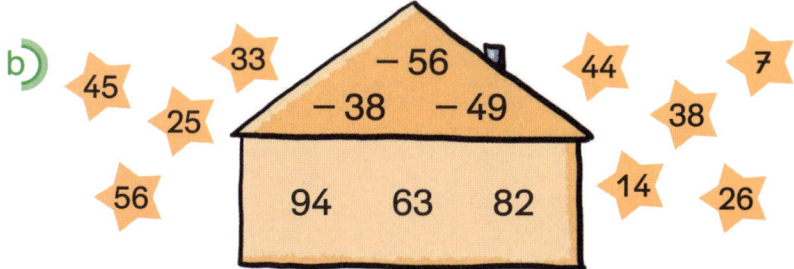

45   33   25   56   −56   −38   −49   44   7   38   14   26
94   63   82

3 Jedes Zeichen steht für eine Zahl von 1 bis 9. Finde Zahlen, so dass alle Rechnungen stimmen. Probiere. Schreibe zum Schluss die Rechnungen auf. Tipp: Es gibt mehrere richtige Lösungen.

a)    b)

c)    d)

e)    f)

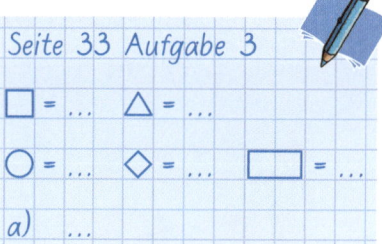

Seite 33 Aufgabe 3

☐ = ...   △ = ...

◯ = ...   ◇ = ...   ▭ = ...

a) ...

∗ nutzen Tauschaufgaben beim Zusammenstellen und Lösen von Aufgaben
∗ probieren systematisch und nutzen die Einsicht in Zusammenhänge zur Problemlösung

33

Knobelaufgaben lösen

Magische Quadrate

Magische Quadrate wurden
vor einigen tausend Jahren
in China und Indien entdeckt.

4	9	2
3	5	7
8	1	6

1	14	15	4
12	7	6	9
8	11	10	5
13	2	3	16

 ① Finde heraus, was das Besondere an den magischen Quadraten ist.
Du kannst dich mit anderen Kindern besprechen.

Tipp: Betrachte die Zeilen ▭, die Spalten ▯ und die Diagonalen ▱, ▰.

② Übertrage die angefangenen magischen Quadrate
in dein Heft und ergänze fehlende Zahlen.

9	14	▨
▨	10	12
▨	6	▨

24	▨	27
▨	18	▨
▨	▨	12

▨	▨	25
▨	28	▨
31	▨	29

Seite 34 Aufgabe 2

9	14	7	...
	10	12	
	6		

 ③ Denke dir selbst magische Quadrate aus und
zeichne sie auf. Stelle sie einem anderen Kind vor.

Seite 34 Aufgabe 3

④ Einstern hat die Zahlen 1, 2, 3, 4 und 5
in verschiedene Sterne verzaubert.

Seite 34 Aufgabe 4

★ = ...
★ = ...
★ = ...
★ = ...
★ = ...

Finde mit Hilfe der Aufgaben heraus,
welche Zahl in welchen Stern verzaubert wurde.

★★ + ★★ = ★★   ★★ − ★★ = ★★   ★★ + ★★ = ★★

★★ − ★★ = ★★   ★★ + ★★ = ★★   ★★ − ★★ = ★★

34
* denken über mathematische Beziehungen und Auffälligkeiten nach
* bestätigen oder widerlegen ihre Vermutungen durch Beispiele
* probieren systematisch und nutzen die Einsicht in Zusammenhänge zur Problemlösung

1 Ordne den Situationen ⊕ oder ⊖ zu.
Schreibe die passenden Handlungen auf.

a)

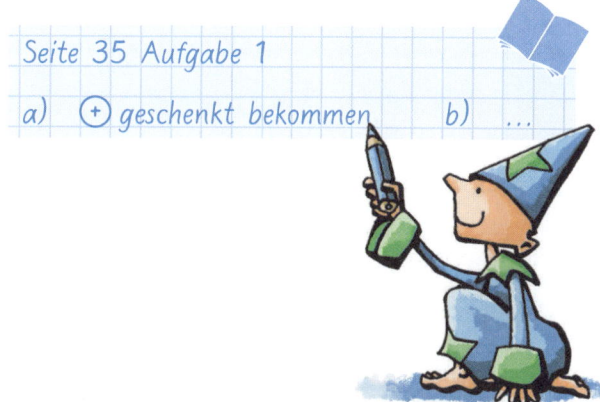

Seite 35 Aufgabe 1
a) ⊕ geschenkt bekommen   b)   ...

b)

c)

d)

e)

f)

g)

★ entnehmen bildlichen Darstellungen die relevanten Informationen und geben diese in eigenen Worten wieder
★ ordnen Sachsituationen den Grundrechenarten zu

1 Ordne den Rechengeschichten ⊕ oder ⊖ zu.
Schreibe die Handlungen neben die Rechenzeichen.

a) In der Gruppe arbeiten
8 Kinder. 3 Kinder kommen
noch dazu.

Seite 36 Aufgabe 1

a) ⊕ dazukommen   b) ...

b) Auf der Fensterbank stehen
7 Blumentöpfe. Leider gehen
3 Blumentöpfe kaputt.

c) Im Regal stehen 30 Wörter-
bücher. 17 Kinder holen sich
je ein Wörterbuch.

d) An der Wand hängen
26 Bilder. Maja hängt noch
13 Bilder dazu.

e) Anne hat 56 Fußballsticker.
13 Sticker schenkt sie ihrer
Freundin.

f) Max hat 36 Buntstifte.
12 Buntstifte leiht er seinem
Freund.

g) Im Regal stehen 25 Bücher.
Patrick stellt noch 11 Bücher
dazu.

2 Stelle in einer Tabelle Handlungen für
Plus- und Minusaufgaben zusammen.

Tipp: Betrachte dazu Beispiele in
Aufgabe **1** und auf Seite 35.

Seite 36 Aufgabe 2

⊕	⊖
dazukommen	verschenken
...	...

3 Überlege dir
Rechengeschichten
zu Plus- und
Minusaufgaben.
Schreibe sie auf.

*Ich hatte
71 Sammelkarten.
Davon habe ich
4 verschenkt.*

Seite 36 Aufgabe 3

...

 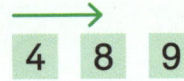 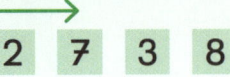 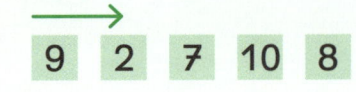

★ entnehmen kurzen Texten die für die Lösung relevanten Informationen
★ übersetzen Problemstellungen aus Sachsituationen in die Sprache der Mathematik
★ formulieren zu vorgegebenen Rechenoperationen Rechengeschichten und zeigen Zusammenhänge auf

1 Finde zu den Rechengeschichten passende Mal- und Geteiltaufgaben.

a)
> Auf dem Sportplatz stehen 3 Gruppen mit jeweils 5 Kindern.

> Seite 37 Aufgabe 1
>
> a) $3 \cdot 5 = 15$ b) ...

b)
> 16 Kinder möchten Fußball spielen. Sie wählen 2 Mannschaften.

c)
> Janek holt Bälle aus der Turnhalle. Er geht zweimal und holt immer drei Bälle.

d)
> Beim Staffellauf möchten 24 Kinder mitlaufen. Immer 4 Kinder sind in einer Gruppe.

e)
> Auf dem Schulhof spielen 4 Paare Federball.

2 Überlege dir Rechengeschichten zu Mal- und Geteiltaufgaben. Schreibe sie auf.

> Seite 37 Aufgabe 2
>
> ...

> Ich verteile 36 Bonbons an 4 Kinder.

* übersetzen Problemstellungen aus Sachsituationen in die Sprache der Mathematik und lösen sie
* formulieren zu vorgegebenen Rechenoperationen Rechengeschichten und zeigen Zusammenhänge auf

1 Finde zu den Rechengeschichten passende Aufgaben.

Lena, Maja, Janek und Tim gehen mit Majas
und mit Tims Vater zum Volksfest.

a) Majas Vater kauft 6 Fahrkarten für
das Riesenrad. Jede Fahrkarte kostet 2 €.

> Seite 38 Aufgabe 1
> a) 6 · 2 € = 1 2 €   b) ...

b) Tims Vater kauft 12 Lose.
Er verteilt sie an die 4 Kinder.

c) Janek kauft Zuckerwatte für 2 €. Er bezahlt mit einem 10-€-Schein.

d) Bei der Achterbahn gibt es 8 Wagen.
In jedem Wagen haben 6 Personen Platz.

e) Tims Vater kauft für die 4 Kinder jeweils 2 Fahrten in der Achterbahn.

f) Bei der Geisterbahn ist eine Schlange von 12 Personen.
Die 4 Kinder stellen sich auch mit an.

g) Lena kauft eine Tüte mit 12 Zuckerstangen.
Sie verteilt sie an sich und die 3 anderen Kinder.

h) Maja hat auf dem Volksfest 18 € ausgegeben.
Ole hat 13 € mehr ausgegeben.

* übersetzen Problemstellungen aus Sachsituationen in die Sprache der Mathematik und lösen sie

Zu Rechengeschichten Fragen, Rechnungen, Antworten finden

1 Finde zu jeder Rechengeschichte die Rechnung und die Antwort.

a) Tim möchte das Auto
und das Puzzle kaufen.
Was kostet das zusammen?

> Seite 39 Aufgabe 1
>
> a)   R : 1 7 € + 8 € = 2 5 €
>
>   A : Zusammen kostet es 25 €.
>
> b)   ...

b) Lena sucht sich 2 CDs und das Fahrrad aus.
Kann es sein, dass sie dafür 95 € bezahlt?

c) Maja kauft den MP3-Player. Sie bezahlt mit einem 50-€-Schein.
Wie viel bekommt Maja zurück?

d) Max kauft das Lexikon für 9 €. Anne kauft etwas,
das doppelt so teuer ist. Was kauft Anne?

2 Finde zu jeder Rechengeschichte eine Frage, eine Rechnung und
eine Antwort.

a) Lea wünscht sich das Fahrrad
und den Teddy.

> Seite 39 Aufgabe 2
>
> a)   F : Was kostet das zusammen?
>
>   R : 4 5 € + 6 € = 5 1 €
>
>   A : Zusammen kostet es 51 €.
>
> b)   ...

b) Patrick kauft ein Buch, das Lexikon
und das Puzzle.

c) Lena kauft das Auto.
Sie bezahlt mit einem 20-€-Schein.

d) Sofie kauft das Puzzle für 8 €.
Paul kauft etwas, das nur halb so viel kostet.

3 Überlege dir selbst eine Rechengeschichte.
Schreibe sie auf.

> Seite 39 Aufgabe 3
>
> ...

* entnehmen aus Bildern Informationen und formulieren dazu mathematische Fragen
und Aufgaben und lösen sie
* übersetzen Problemstellungen in die Sprache der Mathematik und lösen sie

Auswertung Bundesjugendspiele der Klassen 1a und 2a

Mädchen				Jungen			
Alter	Teil-nehmer	Sieger-urkunde	Ehren-urkunde	Alter	Teil-nehmer	Sieger-urkunde	Ehren-urkunde
6 Jahre	5	1	2	6 Jahre	4	2	1
7 Jahre	13	6	4	7 Jahre	11	4	6
8 Jahre	7	3	3	8 Jahre	6	1	3
gesamt	25	10	9	gesamt	21	7	10

1 Die beiden Tabellen enthalten viele Informationen. Schreibe einige davon in Sätzen auf.

> Seite 40 Aufgabe 1
>
> Von den 7-jährigen Mädchen erhalten 6 eine Siegerurkunde.
>
> ...

2 Auch die Ergebnisse für die Kinder der Klassen 1b und 2b wurden in einer Tabelle zusammengefasst. Leider hat es geregnet und Zahlen wurden verwischt.

Ich kann alle fehlenden Zahlen berechnen.

Klassen 1b und 2b, Mädchen und Jungen				
Alter	Teil-nehmer	Sieger-urkunde	Ehren-urkunde	ohne Urkunde
6 Jahre	9	3	✳	3
7 Jahre	✳	10	10	4
8 Jahre	13	✳	6	3
gesamt	46	✳	19	✳

a) Zeichne die Tabelle ab. Benutze ein Lineal.

b) Berechne die fehlenden Zahlen und trage sie ein.

c) Du kannst auch die Ergebnisse der Altersgruppen vergleichen. Schreibe einige Vergleiche auf.

> Seite 40 Aufgabe 2
>
> a) b) | Alter | Teilnehmer | ...
>
> 6 Jahre | 9
>
> 7 Jahre | ...
>
> ... | ...
>
> c) Die 7-Jährigen haben 7 Siegerurkunden mehr als die 6-Jährigen erhalten.
>
> ...

→ AH Seite 50

* entnehmen relevante Daten aus Tabellen und formulieren mathematisch sinnvolle Fragen

In einer Tabelle dargestellte Ergebnisse vergleichen

Auswertung Bundesjugendspiele der Klassen 1c und 2c

Mädchen				Jungen			
Alter	Teil-nehmer	Sieger-urkunde	Ehren-urkunde	Alter	Teil-nehmer	Sieger-urkunde	Ehren-urkunde
6 Jahre	5	2	2	6 Jahre	5	2	1
7 Jahre	12	4	8	7 Jahre	11	2	6
8 Jahre	6	3	2	8 Jahre	8	4	3
gesamt	23	9	12	gesamt	24	8	10

1 In den Tabellen findest du viele Informationen.
Finde die passenden Rechnungen und ergänze die Aussagen.
Die richtigen Lösungen findest du in den Sternen.

a) Bei den Mädchen gab es insgesamt
■ Siegerurkunde … als bei den Jungen.

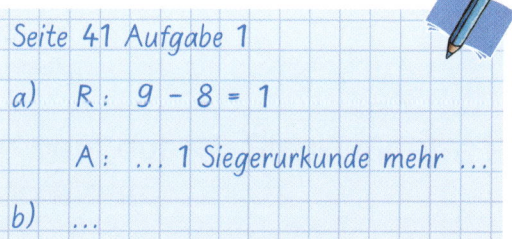

Seite 41 Aufgabe 1
a) R: 9 – 8 = 1
    A: … 1 Siegerurkunde mehr …
b) …

b) Insgesamt haben ■ Kinder
teilgenommen.

c) Bei den 7-jährigen Mädchen gab es …
so viele Siegerurkunden wie bei den
7-jährigen Jungen.

d) Bei den 8-jährigen Jungen gab es … so viele
Ehrenurkunden wie bei den 7-jährigen Jungen.

e) Bei den Jungen gab es insgesamt
■ Ehrenurkunden … als bei den Mädchen.

f) Bei den Jungen hat weniger als … der
Teilnehmer eine Siegerurkunde bekommen.

g) Bei den Mädchen gab es insgesamt ■ Urkunden.

h) Bei den 7-jährigen Jungen gab es … so viele
Ehrenurkunden wie Siegerurkunden.

i) Bei den 7-jährigen Mädchen gab es … so viele
Ehrenurkunden wie bei den 8-jährigen Mädchen.

1 mehr | halb | 47 | dreimal | viermal | 2 weniger | doppelt | die Hälfte | 21

★ entnehmen einer Tabelle Informationen und unterscheiden, ob diese relevant oder nicht relevant sind
★ übersetzen Problemstellungen aus Sachsituationen in die Sprache der Mathematik

41

Mit Rechengeschichten in Tabellen umgehen

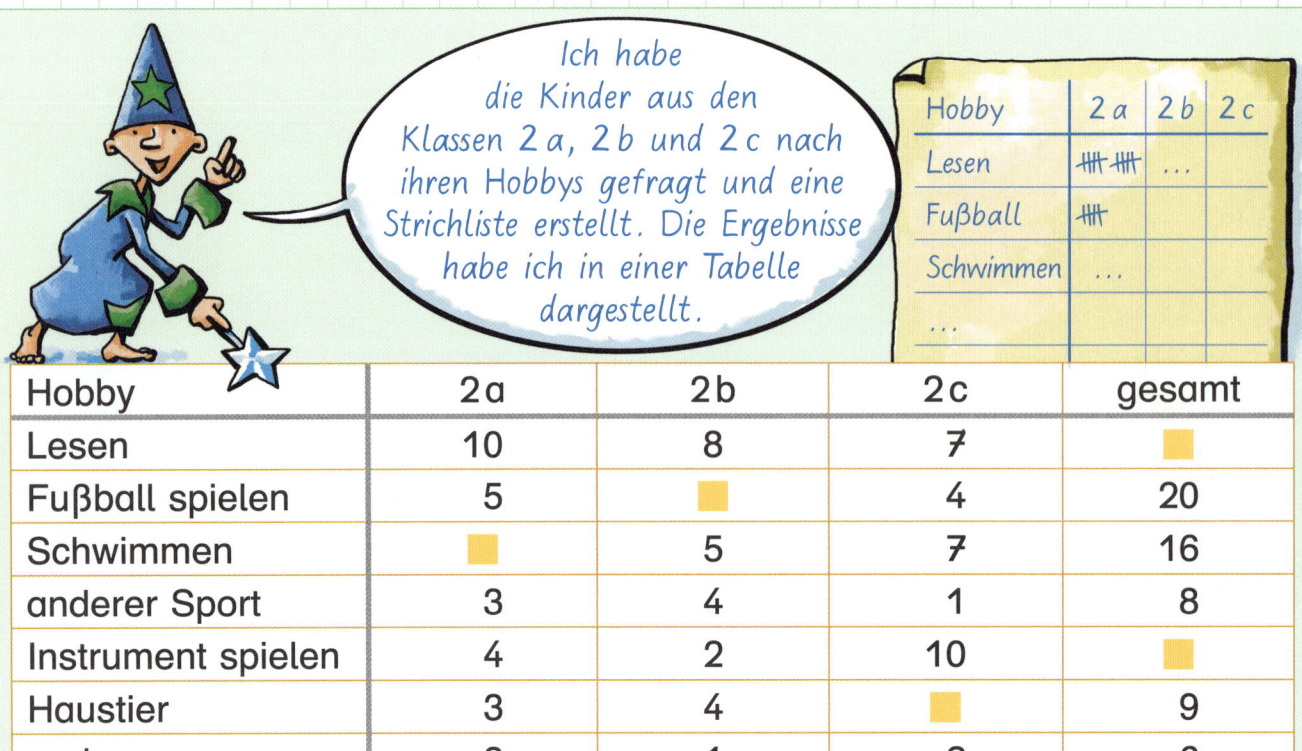

Ich habe die Kinder aus den Klassen 2 a, 2 b und 2 c nach ihren Hobbys gefragt und eine Strichliste erstellt. Die Ergebnisse habe ich in einer Tabelle dargestellt.

Hobby	2 a	2 b	2 c
Lesen	̶H̶H̶ ̶H̶H̶H̶	...	
Fußball	̶H̶H̶H̶		
Schwimmen	...		
...			

Hobby	2a	2b	2c	gesamt
Lesen	10	8	7	🟨
Fußball spielen	5	🟨	4	20
Schwimmen	🟨	5	7	16
anderer Sport	3	4	1	8
Instrument spielen	4	2	10	🟨
Haustier	3	4	🟨	9
andere	3	1	2	6

1 Finde die passenden Rechnungen und beantworte die Fragen.

a) Wie viele Kinder insgesamt haben als Hobby Lesen?

b) Wie viele Kinder aus der Klasse 2b spielen gerne Fußball?

c) Wie viele Kinder aus der Klasse 2a schwimmen gerne?

d) Wie viele Kinder insgesamt spielen ein Instrument?

e) Wie viele Kinder aus der Klasse 2c haben ein Haustier?

f) Wie viele Kinder machen insgesamt in ihrer Freizeit gerne Sport?

Seite 42 Aufgabe 1
a)   R :   1 0 + 8 + 7 = 2 5
     A :   25 Kinder haben
          als Hobby Lesen.
b)   ...

2 Führe in deiner Klasse eine Umfrage zu den Hobbys durch.

a) Erstelle eine Strichliste.

b) Stelle die Ergebnisse in einer Tabelle dar.

Seite 42 Aufgabe 2

a)
Hobby	Mädchen	Junge
...	...	...

b)
Hobby	Mädchen	Junge	gesamt
...	...	...	...

* entnehmen Tabellen Daten und unterscheiden aufgabenbezogen zwischen relevanten und nicht relevanten Informationen
* übersetzen Problemstellungen aus Sachsituationen in die Sprache der Mathematik
* sammeln Daten aus der unmittelbaren Lebenswirklichkeit und stellen sie in Tabellen strukturiert dar

Würfel, Quader, Kugeln und Zylinder finden

| Würfel | Quader | Kugel | Zylinder |

1 Welche Körperformen kannst du
neben den Buchstaben im Bild entdecken?
Schreibe eine Liste in dein Heft.
Überprüfe zum Schluss, ob du alle 26 Buchstaben des Alphabets eingetragen hast.

Seite 43 Aufgabe 1

Würfel: A, ...

Quader: ...

Kugel: ...

Zylinder: ...

2 Suche in deiner Umgebung Gegenstände
mit verschiedenen Körperformen.
Schreibe sie auf und ordne ihnen
die passende Körperform zu.

Seite 43 Aufgabe 2

Ball – Kugel

...

3 Probiere aus, welche der Gegenstände aus Aufgabe **2** du kippen oder
rollen kannst.

→ AH Seite 51

★ erkennen und benennen geometrische Körper in der Umwelt
★ beschreiben Körperformen nach bestimmten Kriterien

1 Finde heraus, aus welchen Körpern die Figur gebaut ist. Schreibe auf, wie viele Würfel, Quader, Zylinder und Kugeln verwendet wurden.

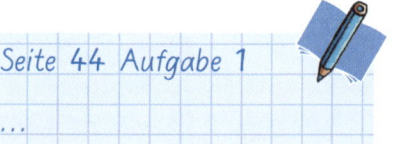

Seite 44 Aufgabe 1
...

2 Baue aus mitgebrachten Verpackungen und Abfallmaterial selbst eine Figur. Die Teile kannst du aneinanderkleben oder mit Klebeband verbinden.

3 Immer zwei Teile ergeben zusammen einen geometrischen Körper. Schreibe auf, welche Teile zusammengehören. Welchen Körper bilden sie?

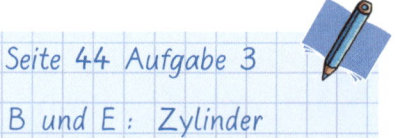

Seite 44 Aufgabe 3
B und E : Zylinder

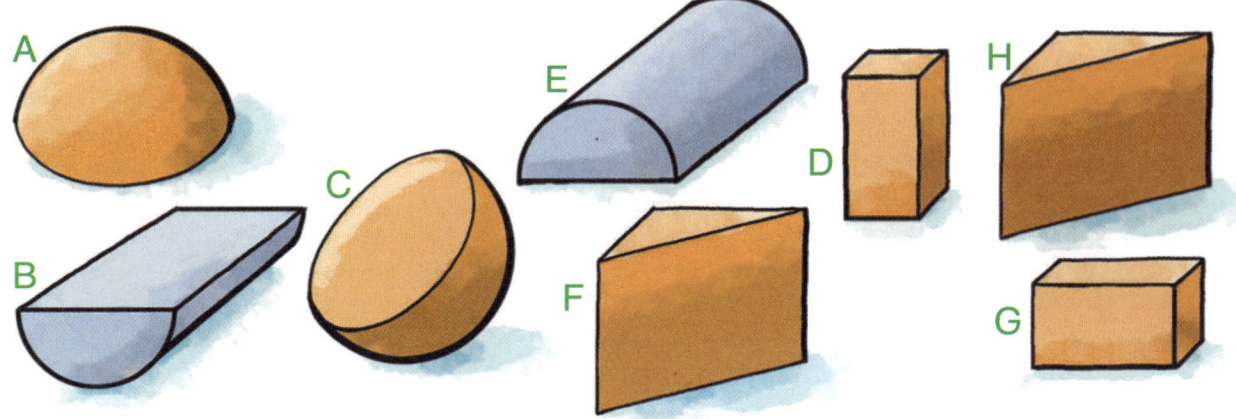

* nutzen Alltagsgegenstände zur kreativen Gestaltung mit geometrischen Körpern
* setzen räumlich dargestellte Körper in ihrer Vorstellung zusammen

Körper herstellen – Flächen abbilden

1 Du kannst aus unterschiedlichen Materialien selbst Würfel,
Quader oder auch Kugeln herstellen.

a) **Vollmodell**
Forme aus Knete
oder Styropor
die drei Körper.

Würfel   Quader   Kugel

b) **Kantenmodell**
Baue aus Trinkhalmen
oder Holzstäbchen
und Kügelchen aus
Knetmasse mindestens
ein Kantenmodell.

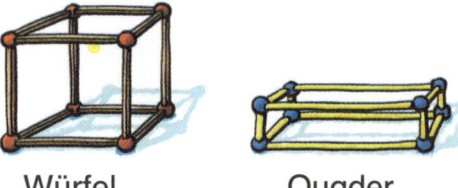

Würfel   Quader

Überlege vorher:
Wie viele Kügelchen brauchst du für dein Modell?
Wie viele Halme oder Stäbchen brauchst du?
Welche Halme oder Stäbchen müssen gleich lang sein?

2 Umrisse zeichnen

a) Nimm einen Quader (das kann ein Karton
sein oder ein Holzquader oder …).

Lege ihn auf ein Blatt Papier und umrande
die untere Fläche wie im Bild.

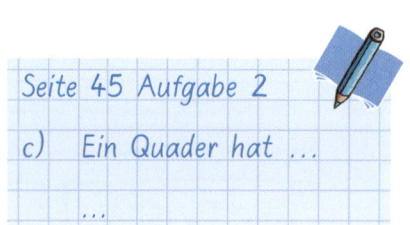

Mache dies mit allen Flächen.
Tipp: Du kannst auf den verschiedenen Flächen deines Quaders Aufkleber
anbringen: oben unten vorne hinten links rechts . So vergisst du keine Fläche.

b) Wiederhole das Gleiche mit einem Würfel.

c) Schreibe in dein Heft:
Ein Quader hat … Flächen.
Die Flächen haben die Form von …
Ein Würfel hat … Flächen.
Jede Fläche hat die Form eines …

Seite 45 Aufgabe 2
c) Ein Quader hat …
…

★ erzeugen unterschiedliche Modelle geometrischer Körper
★ bilden Seitenflächen unterschiedlicher Körper ab und beschreiben sie

45

1 Ordne die Flächen passend zu. Benutze dazu die Buchstaben.

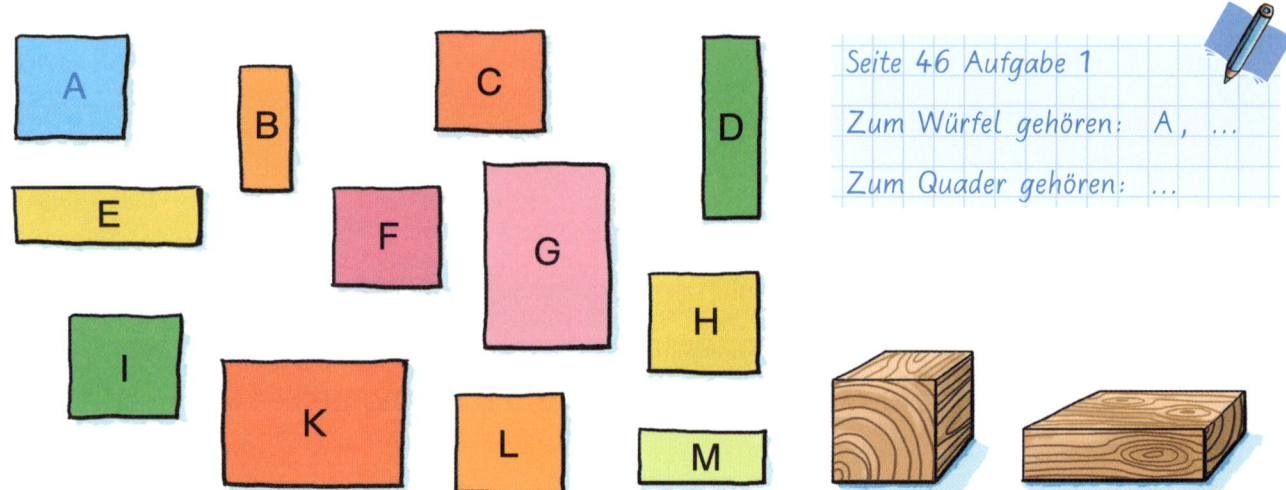

> Seite 46 Aufgabe 1
>
> Zum Würfel gehören: A , ...
>
> Zum Quader gehören: ...

2 Ergänze.

a) Würfel:

  ▨ Ecken
  ▨ Kanten
  ▨ Flächen

b) Quader:

  ▨ Ecken
  ▨ Kanten
  ▨ Flächen

> Seite 46 Aufgabe 2
>
> a) Würfel: b) ...
>
>   ... Ecken
>   ⋮

3 Ordne folgende Beschreibungen dem Würfel oder dem Quader zu.

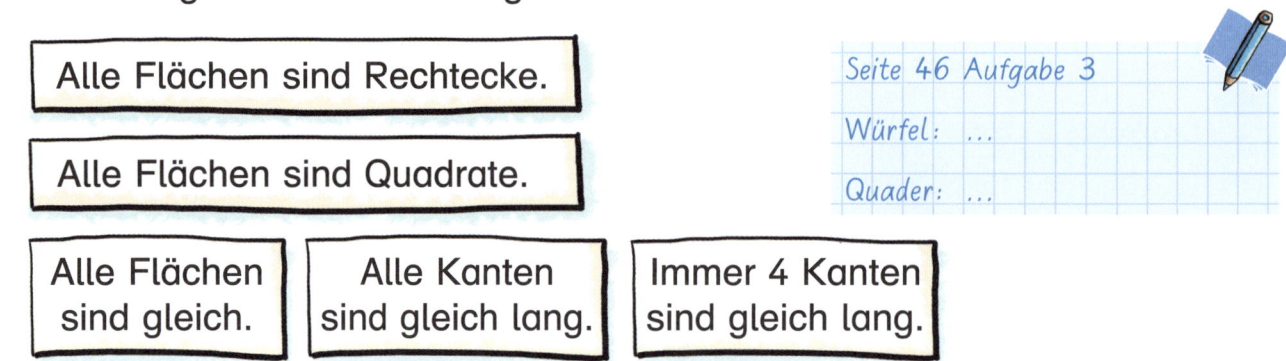

Alle Flächen sind Rechtecke.

Alle Flächen sind Quadrate.

Alle Flächen sind gleich.

Alle Kanten sind gleich lang.

Immer 4 Kanten sind gleich lang.

> Seite 46 Aufgabe 3
>
> Würfel: ...
>
> Quader: ...

★ beschreiben die Eigenschaften von Quader und Würfel und verwenden dabei Fachbegriffe

→ Ü Seite 46

1 Baue mit Steckwürfeln nach.

a)  b)  c)  d)

2 Baue mit Steckwürfeln nach. Benutze die Baupläne als Hilfe.

a)  b)  c)  d)

a)
2	1
1	1

b)
2	2
2	2

c)
	1
2	1

d)
	2	1
	2	
1	2	

3 Baue nach und schreibe selbst Baupläne.

a)  b)

c)  d)

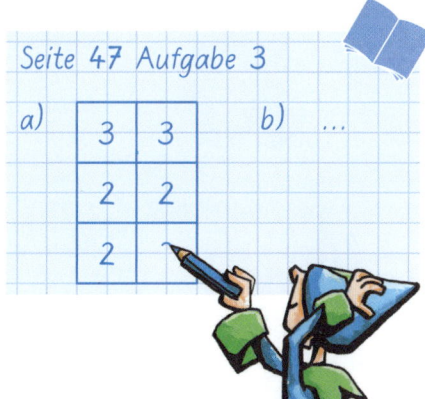

Seite 47 Aufgabe 3

a)
3	3
2	2
2	

b) ...

4 Baue mit Steckwürfeln nach folgenden Bauplänen.

a)
	1
2	1

b)
2	1	1	2
	1	1	

c)
1	2	1
1	2	1

d)
	2	
1	1	1
	1	1

→ AH Seiten 52 und 53
→ Ü Seite 47

★ erstellen Würfelbauten nach perspektivisch dargestellten Vorlagen und Bauplänen
★ übertragen eine Darstellung in eine andere

47

1 Ermittle die Anzahl der Einzelwürfel.

a)    b) 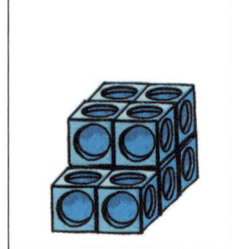   c)

Seite 48 Aufgabe 1

a)   1 | 2   b)   ...

d)    e)    f)

2 Ordne jedem Bauwerk einen Bauplan zu.

A    B    C

Seite 48 Aufgabe 2

A – 3, ...

1
4	2
3	2

2
2	3
1	2

3
2	1
1	2

D    E    F

4
4	3	3
3	3	3
3	3	2

5
1	2	3
1	2	2
1	1	1

6
3	2	1
2	2	0
1	1	1

* orientieren sich in perspektivischen Darstellungen von Würfelbauten
* übertragen eine Darstellung in eine andere
* ordnen Bauwerke und Pläne passend zu

48